親と子の自由研究

家の近くにこんな生き物!?

太田和良
Ota Kazuyoshi

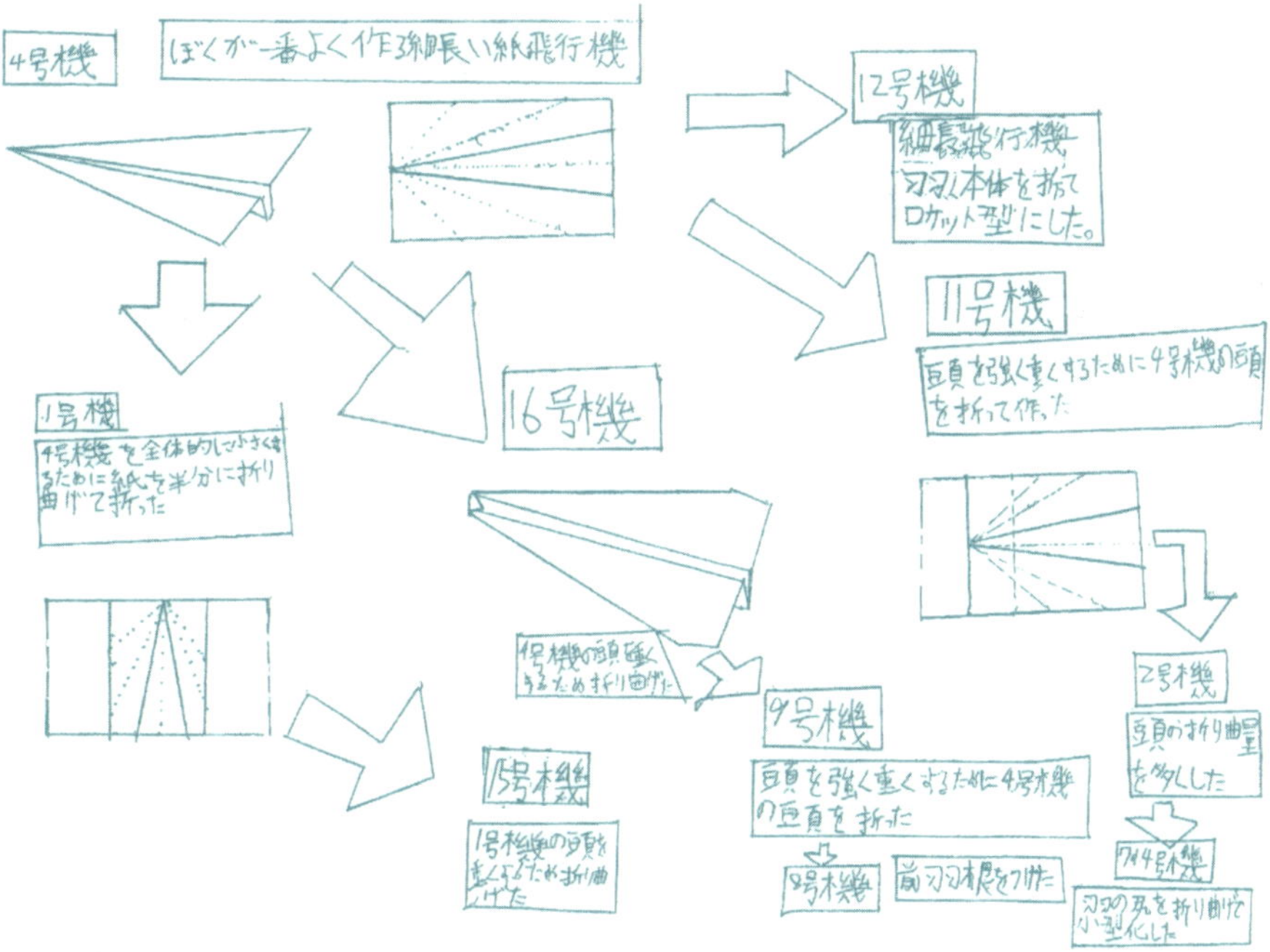

東方出版

はじめに

夏休みが近づくと、子供の頃の自由研究を思い出す。昆虫採集やアサガオの観察は定番だけれど、二学期のはじめに行われる科学展に展示してほしくて独自の研究課題を見つけてがんばったものだ。と言いたいところだが、小生四十を超えると小学生時代に何をしたのかあまり覚えていないのが実情である。今では心機一転、愚息の夏休みの宿題を片付けるために悪戦苦闘するのが年中行事となっている。なにせ子供が三人、一人目と二人目が四年、さらに三人目とは三年離れているため、かれこれ十数年、毎年自由研究に取り組んでいることになる。

ちなみに我が家は男ばかりの三人兄弟。長男の学校では自由研究の宿題は中学二年までしか出されない。長男が中学二年生のとき、次男が小学四年生、三男が小学一年生と、兄弟三人がそろってそれぞれに自由研究に取り組むという、親にとっては三重苦の夏休みとなった。少しでもリスクは分散しておくべきかと半年前から準備を始め、結果、三人ともに県の科学作品展に出品していただき、しかも三人ともに金紙を貼ってもらうという輝かしい実績を残すことができたのである。

ここで、和歌山県での生徒児童の科学作品展の仕組みを説明しておく必要がある。

夏休みには小中学校とも各学校で自由研究の宿題が出される。夏休みが終わると、まず、学校の中で宿題の展示会が開催される。その展示会では自由研究だけではなく、絵を描いてくる子供、工作をしてくる子供等々、それぞれが夏休みにがんばった成果を展示して、子供たち自身の励みにするとともに、他の友達の作品を見ることで、学習意欲のきっかけになっているようである。父兄にも開放されていて、家庭での会話のネタにもなっている。理科の研究については市町村教育委員会の理科研究部会が主催となっての科学作品展が開催されるため、各校に提出された宿題の中から、理科の研究という形態をとっている作品のうち数点が選ばれてその科学作品展に出展されている。和歌山市の場合は平成十七年で一〇〇〇点あまりの出品があり、その中でさらに各学年から数点選ばれ、小中学校合わせて一九八点が県の科学作品展に出展された。平成十七年度和歌山県科学作品展では県内八つの地方から小学校八九三点、中学校一四九点で計一〇四二点の出品があり、この中でさらに選ばれると、その作品に金紙を貼ってもらって展示されることとなる。三人がそろって金紙をもらった年は二一〇点が金紙を貼ってもらっていた。

さて、三人兄弟の名前は、通称、まあくん、ともくん、ひろくん。兄弟とは言っても、こうも性格が違うものかと感心ばかりはしていられない。まずは長男まあくんとの格闘の始まり。一人だからこそ手をかけることができるのであるが、そうは言ってもなかなか手強いものである。いざ、臨戦。

親と子の自由研究

家の近くにこんな生き物!?

目次

第一章　一人だからできるのかも

I

どうする？うみのいきもの

まぁくん小学一年生

暑い日差しが照りつける。夏休みが始まった、最初の一日は海の日の休日であった。まあくんは小学生となって初めての夏休みを迎えていた。宿題は算数と国語のドリル、そして自由研究であった。私が小学生の頃、自由研究は必修の宿題であったように記憶している。少なくとも先生はやってもやらなくても良いなどと言ったはずはない。ところが、

「自由研究は何するんや。」

「自由やからせんでもええんや。」

「そんなことあるか。自由研究はせなあかんのや。」

といった父と子の会話があった。昔は結果的にやるやらないは別として、先生からは「やりなさい。」と言われた気がする。しかし今時の小学生は自由という言葉がわかっているのかどうか、自由という言葉を振りかざすのである。

まあくんにとっては四十日の夏休みは結構長く感じているのかも知れない。絶対的な宿題である「ワーク」と呼ばれる算数と国語のドリルは二、三日で片付けてしまい、後は遊ぶことしか頭になかったのは当然かも知れない。一方、親にとっては子供の夏休み期間中に日曜日が五回しかないので

ある。つまり、副業できるのが土日を合わせて十日しかないのである。

しかし、私には秘策があった。

一九九八年八月十二日、家族旅行の日である。

まあくんにとって記憶のある中では最初の家族旅行であった。両親と祖父母、東京からの里帰りで遊びに来ている従姉とその両親、そしてまだ赤ん坊の弟という総勢九名のちょっとした団体旅行である。向かうは和歌山県田辺市。午前八時、和歌山市を車二台で出発し、混雑する高速道路を避けて国道四二四号を通り、金屋町から龍神村を抜けて田辺市へと向かった。田辺市の奇絶峡へついたのは十一時を回ったころであった。

計画その一、奇絶峡を前にしてバーベキューの準備を開始した。肉は藤田さん（近所の肉屋さん）家の特上肉、そしてキャベツ、ピーマン、かぼちゃ、ジャガイモとボリューム満点の食材が用意されていた。晴れ渡る空の下で、奇絶峡の奇岩を見ながらバーベキューは進められた。

「さあ、次へ行くぞ。」

肉と野菜を一通り片付けると、私はみんなに声をかけた。

「えー、もう行くの。川でも遊びたい。」

「ゆっくりしてられへんのや。」

「なんでや。」

まあくんは一人前に口ごたえするようになっていたが、親としては計画その二が重要なのである。

バーベキューセットを片付けた一行は田辺市の海岸沿いにある宿泊地、かんぽの宿紀伊田辺へと向かった。宿にチェックインしたのは午後二時をまわったところであった。

「よし！　海へいくぞ。」

まあくんは海へ行けると聞いて大急ぎでリュックの中の水着を探した。

目的地は天神崎であった。

天神崎海岸は日本初のナショナルトラスト運動で有名な場所である。ダイビングやセーリングなど海洋レジャーの基地ともなっている。妻は、子供の頃よくこの天神崎へ連れてきてもらった、という話をまあくんに聞かせていた。そのためかどうか、まあくんは天神崎へ到着する前からウキウキしていた。

天神崎へは宿から歩いて行くことにした。大人は濡れてもよいような軽装になり、まあくんはもちろん水着姿になっていた。磯採集の道具として、熊手やバケツはもちろんのこと、メモ帳とえんぴつ、幼稚園のときにもらったミニ図鑑を持っていった。そして、忘れていけないのは赤ん坊を寝かせておくためのシートと日傘であった。

天神崎への道筋は車一台がやっと通れるような道であった。小さな漁港の傍らを通り過ぎると海のそばに養魚場があった。道を挟んで陸側にはダイビングの基地があり、カラフルなウェットスーツに身を包んだ若い男女があわただしく行き来していた。海からもどったところであろうか、それともこれから出かけるところか、チラッと目を奪われた自分にあわてて、まあくんの方を見返した。上半身裸で駆けていくまあくんとそれを追いかけるポロシャツ姿の祖父、麦わら帽子に手をやり海を気にしながら後をついていく祖母、そして短パンTシャツ姿でマイペースに歩く妻、なんとばらばらな一行であろうか。あれっ？　従姉とその両親は？と見渡すとすでに海岸を走る三人の姿が遠くに見えた。

天神崎は海に突き出た小さな岬の前に、浸食された岩盤が広がる広大な岩場である。少し沖合いに小さな島があり、てっぺんに鳥居があるから、名前から推察すると天神さんが祀られているのだろうか。潮が引いたときにはこの島まで陸続きとなり、また、辺り一面に無数のタイドプール（潮溜り）が広がっている。海の中をのぞくと青や黄色の小さな魚が泳いでいて、南の海へやってきたなと実感する。初心者のダイバーは、どうやらこの付近で練習を始めるようで、その日も二、三のグループが四、五人ずつかたまって岩場の近くで潜っているようすであった。

私はもちろん潮見表を確認していた。その日は四時ごろ干潮になるので、これからが磯観察の絶好の時間帯である。小学一年生の親として心強かったのは祖父母の存在であった。天神崎へ到着すると祖父は真っ黒の海パン姿となり、まあくんとともに一目散に海の方へ走っていった。誰よりも海大好き人間である。もちろんまあくんと従姉は大喜びで泳ぎ始めていた。

海と言えば海の生き物である。貝やカニ、海水魚がたくさん見つかる。自由研究として面白いのは貝類だろうか。岩陰に張り付いている貝にはいろいろな種類があり、また、張り付いている場所にも種類によって特徴がある。さて、それをまあくんにどのように伝えていけばよいのだろうか。

「まあくん！　いろんな貝を集めておいで。」

最初は「よっしゃ！」といったようすで海へ飛び込んでいった。一つ、二つと手にとっては陸に上がってきて私に見せてくれた。

「どんなところで見つけたか、しっかり観察するんやで。」

「うん、この貝ね、岩にひっついてたで。」

「そんなことわかってるわ。水の下とか、上とか、海の底とか、岩の隙間とか、波のあたる表面とか、いろいろあるやろ。」

私としてはさらに一歩進んで貝の種類ごとに場所の特徴をつかんでもらいたい。フジツボがどこに棲んでいて、カメノテがどこで、といった具合である。そうは言っても、小学一年生がそこまで興味を持てるはずがない。

「ほら、まあくん。きれいでしょう。」

まあくんががむしゃらに海に飛び込んでいる間に、従姉はさすがに女の子で、祖母と一緒に浜に流れ着いた美しい貝殻を集めていた。そしてこの言葉で、まあくんの興味は一転貝殻の方へと移ってしまった。

「おとうさん、こっちにきれいな貝あったで。」

私に見せに来てくれるところは許せるが、納得がいかない。どうしたらいいんだ。ピンク色や複雑な縞模様の貝殻が子供の興味を引くことは間違いない。貝殻採集でもいいか、とすぐに妥協してしまうところが、指導者失格であろうか。

そして、すぐに気がついた。貝殻を集めても、名前すらわからない。基礎的な知識がない。子供に聞かれても答えられないのである。

もちろん、「名前がわからないのなら、図鑑を調べろ。」と言ってはみたが、親ができないことを小学一年生の子供に命令してできるはずがない。どこを見てよいものやら、途方に暮れてしまう。とにかくいろんなものを集めて、バケツに入れて、生きているものは写真を撮っておいて放す。貝殻などはバケツに入れて持ってかえる。私が画策した現地調査はそこまでで精一杯であった。

まあくんは意気揚々としていた。これが自由研究だと思っていたからだ。夏休みの宿題を他人より一つ余計に仕上げたのであるから、当然の姿である。家に帰ってからさらなる試練が待っているとも知らずに。

その日はかんぽの宿へ宿泊した。海鮮の料理と大好きなステーキでまあくんと祖父母は大はしゃぎであった。それを横目に、私はかすかに不安を覚えるのであった。昼のバーベキューを食べ過ぎたのかも知れない。そういうことにしておこう。高価な会席料理をそこそこに温泉につかろうと部屋へもどった。

2　え、まだするの？　うみのいきもの2

自由研究を宿題の成果とするには大判の画用紙にまとめなければいけない。これがなかなか大変である。もちろんまあくんはやったことがないし、私としても十数年ぶりの経験である。親が子供の宿題に手を出すのはどうかという思いはあった。だけどやったことのないことをやらせるためにはある程度手を出すことはやむを得ない。そう私は自分に言い聞かせた。

研究には動機が必要である。不思議とか、調べたいという気持ちがあればこそ、その結果に満足できるし、また、新たな疑問も生まれてくる。当然のことだが、親の疑問を子が受け入れられるものではない。いかにして子供の疑問を引き出すかが一つのポイントである。とはいうもののきっかけは些細なところにあるものである。そして、小手先の努力は徒労に終わる。また、形を教えるのも教育の一つの姿である。

まあくんの場合も動機は単純である。ただ、海の生き物が好きだっただけである。しかし、小学一年生といっても子供なりに動機の奥は深い。

「ぼくはちいさいころからよくおじいちゃんやおばあちゃんにすいぞくかんにつれていってもらったからうみのいきものがすきになった。みんなでたなべへいくことになったのでしらべてみることにしました。ずかんでみたいきものがほんとうにうごいているのをみたかったからです。」

　これだけ書かせるのにどれだけかかったか。ポイントは五つある。一つ目は祖父母と孫、二つ目は水族館と自然、三つ目は家族旅行と自由研究、四つ目は図鑑での事前調査、そして五つ目は実物の観察、といった具合である。「海の生き物が好き。」という中にこれほどの背景があり、そして研究という形に仕上げるにはこれらの背景を浮かび上がらせなければならない。何よりも難しいのが、小学一年生の子供にまず気づかせることであった。

　私は旅行から帰ったあくる日から、仕事の合間をぬっていろいろ頭を悩ませ、仕事から戻るとまあくんに旅行の感想を聞き出した。まあくんの顔つきでは、「もう自由研究はいらん。」と言い出さんばかりのようすである。

「まあくん、天神崎の磯観察で何が楽しかった？」

「うーん、カニ見つけた。」

「カニはどこにいた？」

「えーと、海や。」

「……」

　気を取り直して続けた。

「水族館におったような生き物はおったか？」

「おらんで。」

「……」

ダブルパンチである。しかし、ここで会話を終わらせたら、自由研究は終わってしまう。動機は事前にあるのが当たり前なのかも知れないが、事後に作られるところが夏休みの宿題たる所以である。

「本当は何をみつけたかったたんや。」

「ヒトデやろ、タコやろ、カニやろ。」

「カニはおったんやろ。」

「うん、おったよ。」

「ほかにはないんか?」

「イソギンチャク、アメフラシ、……。」

「よし、これを自由研究にするぞ。」と、幼稚園児のころからよく図鑑を見ていたまあくんの知識が少しうれしかった。「普通、小学生がアメフラシなんか知ってるか?」と、少し誇らしげに感じるのである。

どのようにして他人に見せるか、そこが問題である。私は表にまとめることにした。項目の一つ目は見つけたいもの、二つ目はいると思われるところ、三つ目はいたかいないか、四つ目は見つけたときのようす、とした。後付けには違いないが、見つけたいものとして、まあくんは十の生物を選んだ。ヒトデ、タコ、カニ、イソギンチャク、ウニ、アオウミウシ、カイ、オオヘビガイ、アメフラシ、サカナと、類だの科だの目だの個体名だのがばらばらだが、「小学一年生だからそこはどうでもいいや。」と、まあくんのなすがままに任せた。

「いると思うところはどこだ?」

5 まとめ

みつけたいもの	いるとおもうところ	いた いない	みつけたときのようす
ひとで	かには	いない	かにはみずのな
たこ	いわのところ、	いない	かやいわのところにいてた。
かに	あとの	いた	うにはみずのなかのひざくら
いそぎんちゃく	いきものは	いない	いのふかさのところにいてた。
うに	みずの	いた	ひざらがいやうのあしがい
あおうみうし	なか。	いない	やまきがいみずのあたるところの
かい		いた	いわにひっついていた。
おおへびいがい		いない	ももいろのかいがすなはまのひのあたる
あめふらし		いない	ところのすなのなかにいた。
さかな		いた	ちいさいさかながあさいみずのなかでおよいでいた。

「カニは岩のところ、あとの生き物は水の中。」

「何を言ってるんだ、こいつは。」と言いたいところだが、ぐっとこらえて、

「じゃ、次は、いたか、いなかったか。」

と、半ば投げやりな指導になってしまうのであった。

最後のまとめになって、私は少し考えた。

小学一年生に「一、動機、二、目的、三、方法、四、内容、五、結果、六、考察」という一般的なまとめ方を押し付けても理解できるはずはない。一年生でもわかる言葉で表現しようと、夏休みの終わりに近づき、宿題完成に焦っている中で必死に考えた。そして、「一、どうしてしらべようとおもったか、二、なにをしらべたいか、三、どのようにしらべたか、四、しらべたこと、五、まとめ、六、うみのいきものをしらべておもったこと」と、言葉を換えてみた。中身はともかく、このことは我ながらヒットかなと誇らしげに感じていた。しかし、理科教育者の間では、極々当たり前に、「一、きっかけ、二、ほうほう、三、けっか、四、わかったこと」と表現され、子供たちに指導しているようである。なぜ、この時期にこんなことに時間を費やしてしまったのか、後悔先に立たず、である。ともあれ、まあくんの夏休みの宿題の成果は一つ増えることになった。できた成果は「うみのいきもの」、栄光への第一歩である。

しかし、小手先の努力は所詮小手先である。中身のないものは学校の中の選考で落選し、市の科学作品展へ出品してもらうことすらできなかった。とは言っても、悔しい思いをしているのは私と妻の二人だけである。当のまあくんはというと、自由研究をしたことすら、どうでもよくなっていた。

3 博物館へゴー！ ヤマトメリベの観察

まあくん小学三年生

まあくんは小学三年生になっていた。

「うわっ、何やこりゃ。」

三年生になっても相変わらず、まあくんは水族館へ通った。六月一日、この日は平日だけど創立記念日で学校は休み、久しぶりに家族で県立自然博物館へ遊びに来た。博物館とは言っても、展示物の主体は大水槽をメインとした水族館である。いつものように大水槽のエイやサメなどの優雅な泳ぎを見たあと、小さな水槽の展示を順に見ていった。一番奥まったところの少し大きめの水槽の前で、水族館のおじさんがカメラを構えて何やらしているようすであった。ちょっと興味があったので、まあくんはそのようすを覗き込んだ。そのときに発した言葉がこの一言である。

「何しているの？」

他人に物怖じすることのないまあくんだが、すぐにしまったと思ったかも知れない。

「この生物はヤマトメリベと言うんやけど、すごく珍しくて、今まで日本の水族館の歴史は約百年あるんだけれど、その歴史の中で、水族館で飼われた六匹目と七匹目なんだ。餌はプランクトンを食べているようだが、実はどのように生活するのかはよくわかっていないし……。」

延々と続く説明に、まあくんはすでに隣の水槽に目をやっていたが、学芸員の熱気は二人を取り巻く親にまで伝わってきた。それにしてもとんでもない生き物に出会ってしまった。全国に水族館はたくさんあるし、珍しいといわれる生き物もたくさん飼われている。しかし、生態のわからない生き物に出会うことはめったにない。たいていは水槽の隣に、その生き物がいかに珍しいかという解説が書かれている。ところが、解説の書けないような生き物に遭遇してしまったのである。私はちょっとほくそ笑んだ。危険な海に入ることなく、遠くに出かけることもなく、県立の水族館なので、入場料も安い。その上、これから新鮮な目で観察することができて、しかも一緒に観察してくれるプロの指導者が傍らにいつもいてくれるのであるから、これ以上の環境は探しても見つからない。

「よし、今年の自由研究はこれでいくぞ。」

と、二年ぶりに自由研究に取り組むことにしたのである。

一週間後の六月七日に、また水族館を訪れた。ヤマトメリベは捕まえられたときにひれなどがとれて弱っているとのことだったので、生きているかどうかちょっと心配であった。しかし、そんな心配をよそに二匹の奇妙な生き物は元気にゆったりと水槽の中を漂っていた。

観察といっても何をしてよいものやら、私は少し悩んでいたが、そんなことをよそに、まあくんは水槽に釘付けになっていた。

「お父さん、こいつら食べようとしているのかな?」

どうやら二匹の生き物は交尾をしているようである。なんと説明しようかと口ごもったとき、先週の学芸員が出てきてくれた。天の助けだ。

「これはね、交尾しているんだよ。卵を産むんだ。そうだな、十二、三分ぐらいこうしているかな。」

そこで、まあくんは十分あまり水槽の前で観察することになった。

ヤマトメリベとはどんな生き物かって？　おそらく相当マニアックな人にしかその姿は想像できないであろう。体はピンク色のこんにゃくのような感じで、頭には大きな口がついていて普段はひげのついたがま口のようであるが、時々まるで投げ網のように広げて、プランクトンを吸い込んでいる。背中には七対のひれが付いていて、足は羽のようになっていて、まるで水中翼船であった。体長約五十センチメートル、体重は学芸員のおじさんによると約二キログラム、ウミウシ（といってもそれすらその姿を思い浮かべるのは難しいが）の仲間らしい。

六月十四日、今週もまた水族館を訪れた。ヤマトメリベは隅っこの水槽から一番人目につく玄関前の特別水槽に移されていた。すごく元気そうであった。テレビの取材も来ていた。まあくんはテレビに映らないかとそわそわしていた。しかし、まあくんのそんなようすとは裏腹に、カメラがまあくんに向けられることはなかった。

水槽の中にはビーカーが入っていて、その中にはリボンのようなものがあった。このリボンの中に、実は卵のカプセルが入っているそうだ。今日もやはり学芸員のおじさんが出てきてくれた。まるで、まあくんの来館を待ってくれているようである。

「この卵はね、二〜三日でかえるんだ。でもとても小さいので、顕微鏡で見ないとわからないんだ。幼生のときに三回姿を変えるんだけど、実はこのときにサザエのような殻を持っていて巻貝の仲間であることがわかるんだよ。」

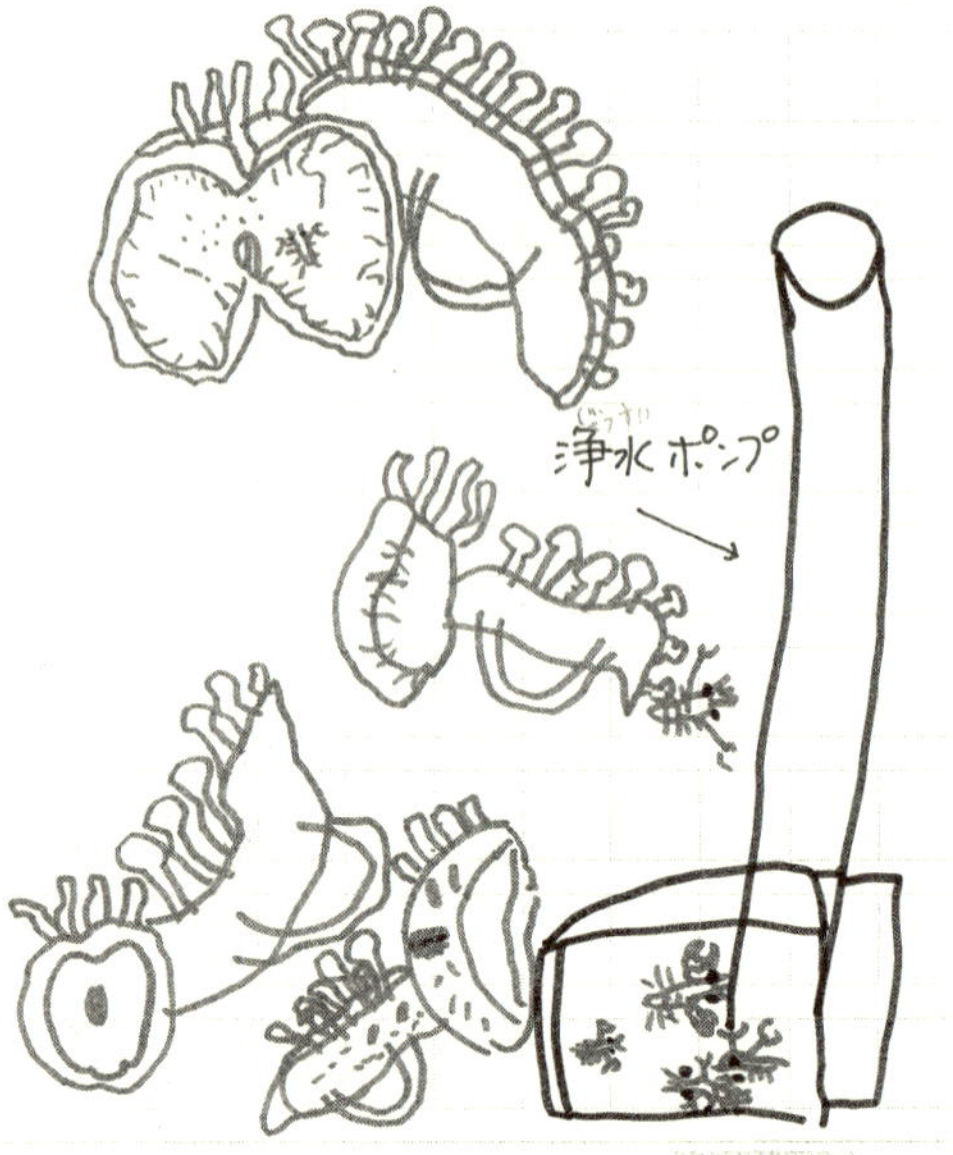

まあくんが描いたヤマトメリベ

と、また、新しい知識を教えてもらった。

六月二十一日、昨日の新聞に初めてヤマトメリベのことが載ったので、今日は見学者が多いような気がした。新しく二匹のヤマトメリベが仲間入りして、四匹になった。餌の動物プランクトンのせいで、水槽の水はうすいピンク色に濁っていた。二センチメートルぐらいのエビが毎日五十匹与えられて、四匹のヤマトメリベで約四十匹食べられているそうだ。さすがに水族館である、エビの数まで数えているとは。まあくんは少しは成長したのか、今日はメモを取っている。大きな数字で50、40と書いているが、

「餌のエビと書いておかないとあとでわからんぞ。」

と、私が言わないと、数字だけしか書いていない。結局、親が覚えていなければいけない羽目になるのである。

六月二十四日、ピンク色のたまごが増えていた。最初からいた二匹の内の一匹がよく卵を産んでいるそうである。元気のいいやつはやることがしたたかである。水槽には浄水ポンプが取り付けられて

いて水槽の水を循環させているが、餌にしているエビはこのポンプの周りによく集まってくる。先ほどの卵をよく産むやつはこのポンプの下で、頭巾を広げて待っている。それに比べて他のヤマトメリベは一所懸命頭巾を広げてはエビを水ごとつかんで口へ運んでいる。

「あいつ、ずるいなあ。」

というのが、まあくんの感想であるが、よく見ると違ったのである。

一見したたかに見えるこの一匹は、頭巾の一部が破れていて、エビを捕まえに行ってもうまくいかないらしい。エビの方から口の近くに飛び込んで来てくれるのを待つしかないのである。学芸員さんは毎回まあくんのそばに寄って来ては話をしてくれる。

「こいつはかわいそうに、待つしかないんだ。でも頭は良いということかな。脳は発達していないけれど、なんとなく学習能力があるような気がするなあ。」

ん、どこが脳だ？

六月二十八日、一見したたかに見えたヤマトメリベが死んでしまっていた。うまく餌をとることができなかったためだろうか。学芸員さんとのマンツウマンの授業である。

「このヤマトメリベは何歳ぐらいだったの？」

「実はヤマトメリベがどんな生き物なのか、あまりよくわかっていないんだ。だけど、一歳かな。卵からかえって一年ぐらいで五十から六十センチメートルくらいになって、卵を産んだら死んでしまうのかな。」

「ずいぶん大きかったからね。」

「そうだな。寿命だったんだろうな。」

水槽では卵がビーカーに入れられて、生まれた日付入りでヤマメメリベと一緒に展示されていた。

「こいつらも来年は大きくなるのかなあ。」

卵は生まれて何日かたつうちにだんだん白っぽくなっているのがわかった。

七月五日、今日も卵が産まれたらしい。

「実はもう何回か卵が産まれているんだけれど、ポンプのある水槽ではふ化した幼生が吸い込まれて死んでしまうんだ。」

「じゃあ、もう幼生はいないの？」

「いや、別の水槽に移してあるんだけどね。」

「見られる？」

「とっても小さいから顕微鏡で見ないとわからないんだ。」

「へえ。」

実は幼生が何を食べているかもわからないので、先生は困っているそうだ。先生が困っているということは幼生たちはもっと困っているに違いない。本当に大きく育つことができるのだろうか。

七月二十二日、三匹のヤマトメリベは元気そうだ。はじめからいたやつは取れていたヒレが再生し、大きさも約二カ月で五十センチメートルから七十センチメートルに成長した。幼生は本当に成長しているのだろうか。

「卵の中には幼生がいるのがわかるのだけれど、殻を破る力がないので、出てこられないんだ。」

「え、じゃあ幼生は育っていないの？」

「ん？……」

自然界では荒波にもまれて殻が破れるのだろうか。先生も実は残念そうなようすで、これ以上聞くこともできない。しかし、そこは先生である。話題を変えてきた。

「ウミウシの仲間は独特なにおいを出しているんだ。」

「このヤマトメリベはどんなにおいがするの？」

「グレープフルーツのにおいがするんだ。」

まあくんには水のにおいしか感じられない。しかもちょっと腐ったような独特なにおいがするだけのように感じていた。でもグレープフルーツと聞いて、何かしらわくわくしてくるのであった。なぜってまあくんはグレープフルーツが大好物だからである。いつもお母さんが朝食のパンの後にグレープフルーツを切ってくれるのを楽しみにしているのである。スプーンですくう時にパチッとはじける果汁と漂う甘い香り、口の中へ入れたさわやかさを思い出してにっこりしているのであった。

「ウミウシの仲間は種類によってにおいが違うんだ。においで仲間を見分けているのかも知れないんだ。」

「ほかのウミウシはどんなにおいがするのだろう。」

八月五日、今だから正直に白状します。

ヤマトメリベの観察は毎週毎週やっていてもあまり変化がないし、少々飽きが来ていた。今日を最後にと思いながら、この日はやってきたのだが、今日に限って先生は来てくれなかった。仕方なしに大水槽を見て、続く小さな水槽を順に見ていた。最後の方になって、いつもの先生が子供たちをたくさん引き連れて水族館を案内しているところだった。「それで今日は出て来てくれなかったんだ。」

お母さんが先生に声をかけた。

「ええ、今日は餌やり体験なんです。」

「大勢の子供たちの案内、大変ですね。」

といって、水槽の横の入り口から、忙しそうに子供たちを中へ案内していた。二～三十人はいるだろうか。最後の一人が入っていくときに、入り口で案内していた先生がまあくんを手招きしてくれた。と、まあくんには思えた。まあくんだけでなく、父も母もそう感じた。吸い込まれるように、関係者以外立ち入り禁止と張り紙されたその入り口に、まあくんのみならず、父も母も、弟のともくんも入っていった。もちろん生まれて一年たたないひろくんは父の腕に抱かれて吸い込まれていった。

中のようすはまるで工場の中であった。狭い通路を入っていって、階段を上って、太いパイプをまたいで行くと大水槽の上に出た。大水槽の上は海で見た養殖場のいけすと同じだった。子供たちに混ざって餌やり体験をした私と妻が一番楽しんでいたのかも知れない。

水族館での体験と学芸員の方と一緒になって取り組んだヤマトメリベの観察を取りまとめた自由研究は小学三年生としてはかなりな大作であった。今回は市の科学作品展へ出展してもらうことができ、家族の冬の楽しみが一つ増えることとなった。

ところで、まあくんが観察を続けたヤマトメリベは八月末に飼育日数と全長の日本記録を更新したことが地元新聞に掲載された。

4　アメンボくんなぜうくの？

まぁくん小学四年生

小学四年生にもなると、多少自分でも何かしなければという気持ちが目覚めてくるのだろうか。七月に入ると、まぁくんは、「今年の自由研究は何をしようか。」と話を向けてきた。何か身近なテーマはないものかと考えてもなかなか思いつくものではない。しかし、悲観する必要はない。よくできた世の中で、自由研究に行き詰った親子のために、自由研究の題材を提案した本がいくつも出版されている。いわゆるハウツウ本である。そんな本を一冊、購入することにした。

「自由研究の本、買って来たぞ。」

「何？」

まぁくんはとぼけてくる。これをこうしろ！と言われない限り、自分では考えようとしないのが今時の子供であろうか。

「夏休みに何するか、本を読んで考えておけ。」

生き物が好きなまぁくんが選んだのはアメンボの観察であった。なぜアメンボは水に浮いているのだろうか。動機の原点は人には到底まねのできないこの一点にある、かのようにハウツウ本には書いてある。しかし、まぁくんにとって、アメンボが水に浮くかどうかはあまり問題ではない。アメンボは水に浮いているものなのである。ましてやまあくんは水泳が得意であり、水に浮いていることは不思議でもなんでもない。大人の疑問は必ずしも子供には受け入れられないということをまざまざと考えさせられた。

ハウツウ本には書いてある。「実験一、水より重いものを水に浮かべる。」一円玉や針金が水に浮かぶかどうか試してみようというものである。もちろんそうっと置くと浮かぶ場合があるということを大人は知っているのである。「実験二、アメンボの模型を作る。」細い針金でアメンボに似せた六本足の模型を作って、浮くかどうか試してみる。ワンポイントアドバイス、なるべく細い針金で作るのがコツだよ、とあることからやはりこの模型は浮くのだという前提に立っている。「実験三、石けん水や油をたらしてみる。」実験二の模型を浮かしておいて石けん水や油をたらしたら、模型は沈んでしまう。いろんなものをたらしてみることで、浮いたままの場合もあれば沈む場合もある、という体験をしてみようというのである。さらに模型の足の開き方を変えることで浮いたり沈んだりという様子が変わってくる。これらの結果は実は表面張力というものが関係しているのだ、というのがハウツウ本に書かれている内容である。実験の結果はわかっている。原因も表面張力だと書かれている。ハウツウ本には直接的に書かれてはいないが、原因も結果もわかっているけれど、所詮小学生には理解できないから少し実験でもして楽しんでおけ、と言われているようなものである。いや、小学生には小学生のプライドがある。これで済ませるわけにはいかない。

助っ人が現れた。実験室の主、いや家庭の主婦、母親の存在である。

針金はどうしたらいいのだろうか。フラワーアレンジ用のワイヤーがあるじゃない。アメンボの足のようにひげを生やせないだろうか。毛糸を巻いてみたらどう？　洗剤、油、小銭。発想の坩堝、経験の波、現実の材。……いや、このままではまあくんの頭の中を素通りしてしまう。

まずは図鑑を調べてみよう。

「アメンボの足の長さは違うんや。」

前足はつめで獲物を捕まえる。中足は水をかいて進む。後足は舵を取るようにできている。そんなことが図鑑には書いてあった。アメンボが水に浮いているとき、実は体は水面につかず、足だけが水に浮いている。アメンボの足の拡大写真が図鑑に載っていた。足にはたくさんの毛がはえていた。しかも中足と後足の毛はアメンボの体から出されるワックスのようなものに覆われているため、水をはじいて水には濡れなくなっているそうだ。足の先についているつめも曲がっていて、水の表面を破らないようになっている。水の表面張力によって浮いていられるそうだ。

アメンボが浮いていられる理由の一つとして、水の表面張力という力が働いていると本に載っていたが、表面張力とはいったい何だろうか。

表面張力とは、液体の表面がなるべく小さくなろうとして引っ張っている力のことなのだそうだが、だからどうしたらいいんだ。ここから母と子の実験は始まった。

〈実験一〉一円玉を浮かせて水の表面を観察する。

まあくんはバットに張った水の上にそうっと一円玉を乗せた。

「よっしゃ、浮いた、浮いた。」

ちょっとテクニックが必要だ。一円玉を水平に持って、できるだけそうっと乗せないとなかなか浮かばない。

「トランポリンみたいや。」

「えっ、あの飛び跳ねるやつ?」

「うん、だって一円玉の周りがくぼんでるやろ。」

そうか、表面張力っていうのはトランポリンみたいなものか、と奇抜な発想に納得してしまった。

まあくんと母親は科学者気分でアメンボが浮いていられる秘密について仮説をたてた。

①体重がとても軽いこと、

②足などに細かい毛がびっしりはえていて水をはじくこと、

③水の表面張力が働くこと、

の三つである。本当にこれらがアメンボの浮いていられる原因なのか、実験して確かめることにした。

〈実験二〉 どれくらい軽いと浮いていられるのか。

長さ五センチに切った太さの違う六種類の針金を準備した。針金をアメンボの足に見立てて水面に浮かべた。同じ材質で、同じ長さで太さだけが違う針金を十回ずつ浮かべて、浮いた数と沈んだ数を記録した。一番細い#30は十回とも浮いた。次の#28も十回とも浮いた。#26は九回浮いて一回沈んだ。#24は八回浮いて二回沈んだ。#22は六回浮いて四回沈んだ。一番太い#20は三回浮いて七回が沈んだ。針金の太さが太くなっていくにつれて沈むものが多くなり、#30、#28ぐらいの針金なら何度試してもいつも浮いていることがわかった。では、一本の重さはどれくらいだろうか。母親は台所からはかりを持ち出した。まあくんは五センチの針金を乗せて計ろうとしたが、はかりの針が動くはずもない。母親は細かく切る前の針金の束を持ってきて計ることにした。一本五十センチで十二本から百六十本の束になっている。ここから実験用の五センチの針金の重さを計算するのは四年生には少し難しいかも知れない。母親がちょっと入れ知恵してしまった。

計算してみると、#28や#30では千分の三十七グラム、千分の二十四グラムとなり、実は図鑑で調べたアメンボの重さと同じぐらいの重さだとわかった。アメンボの浮く秘密の一つは軽い体重にあることは間違いないと確信した。

〈実験三〉 アメンボの足に毛がはえていることが浮き方に関係するかを調べる。

実験二で使った針金を毛糸の中にくぐらせて同じように水に浮かべてみた。すると、実験二のときには沈んでしまった太い針金もすべて浮いた。毛糸が重い針金を浮かべたのである。アメンボの足の毛もきっとアメンボを浮かせる秘密に違いない。

〈実験四〉 液体の表面張力の違いによって浮きやすさが変わるかを調べる。

実験二の針金を使い、水の中にしょう油、食器洗い用洗剤、サラダ油を入れて針金が浮くかどうかを調べてみる。針金を水に浮かべた状態にして、しょう油を数滴ずつ静かに水の中に入れていき、針金の浮き方に変化があるか観察した。水を入れ替えた後、同じようにして、洗剤、サラダ油でも試してみた。結果は水でも沈む針金を除き、しょう油では針金は浮いたままであるのに、洗剤ではすぐに沈むし、サラダ油でもゆっくり沈んでいった。というところまではハウツウ本にも載っている実験結果である。

実はお母さんはいわゆる理系の出身である。『理科年表』なる本を持ち出した。私と結婚したときの荷物の中にこの本が入っていたことに驚くし、いやそれよりも十年経ってもすぐに出てくることがまたすごい話である。ちなみに図書館でも閲覧できるので、文系出身の方もご安心を。

まあくんはうんざりしていた。本が小さい。もちろん字も小さい。そして分厚い。無理やり説明するお母さんの顔色をうかがいながら、うんうんとうなずくしかなかった。

『理科年表』には水と油の表面張力の数字が載っていた。水の表面張力は油の二倍であることがわかったが、だから何なのだ。いや、表面張力の大きいほうが浮きやすいのだ、ということがわかったことにしよう、とまあくんは思ったに違いない。

まあくんは本でアメンボについて読んでいた。

「おかあさん、アメンボってびっくりしたらあわてて水に足をつっこんでしまうことがあるんだって。」

「おぼれるんか。アメンボも水に沈む、やな。」

本には突然敵が来たときなど、体のバランスを崩して水に足をつっこんでしまうことがあると書いてあった。その反面、六本足のうち、二本を空中に上げて四本でじょうずに浮いている写真も載っていた。足が水中に沈まないように、しょっちゅう足をこすり合わせて掃除をし、足の毛並みを整えているそうだ。

〈実験五〉足の開く角度の違いで浮きやすさが変化するか調べてみる。

アメンボの模型を作った。一番細い針金#30を三十センチメートルの長さにそろえて三本用意した。三本を束ねて真ん中で二つ折りにし、折り目から五センチメートルのところでひねって針金の端を広げればアメンボの模型ができる。ひねったところから上をアメンボの胴、下を足に見立てている。アメンボの足先が水面をやぶってしずまないように足先を小さく丸めておく。

アメンボの模型の足を、胴との角度を三十度、六十度、九十度に変えて十回ずつ水に浮かせて浮き方を見る。まあくんは真剣だった。模型の胴を親指と人差し指でそうっとつかんで、足先の丸めたところを水面と並行になるようにゆっくりゆっくりアメンボを水面においた。足の角度が三十度だとすぐ沈んだ。六十度だと一瞬浮くけど沈んだ。なかなか足のバランスをとるのが難しくて大変だった。だけど九十度にすると浮いていた。足の角度を大きくするほどバランスがとりやすくなって浮かすことができた。

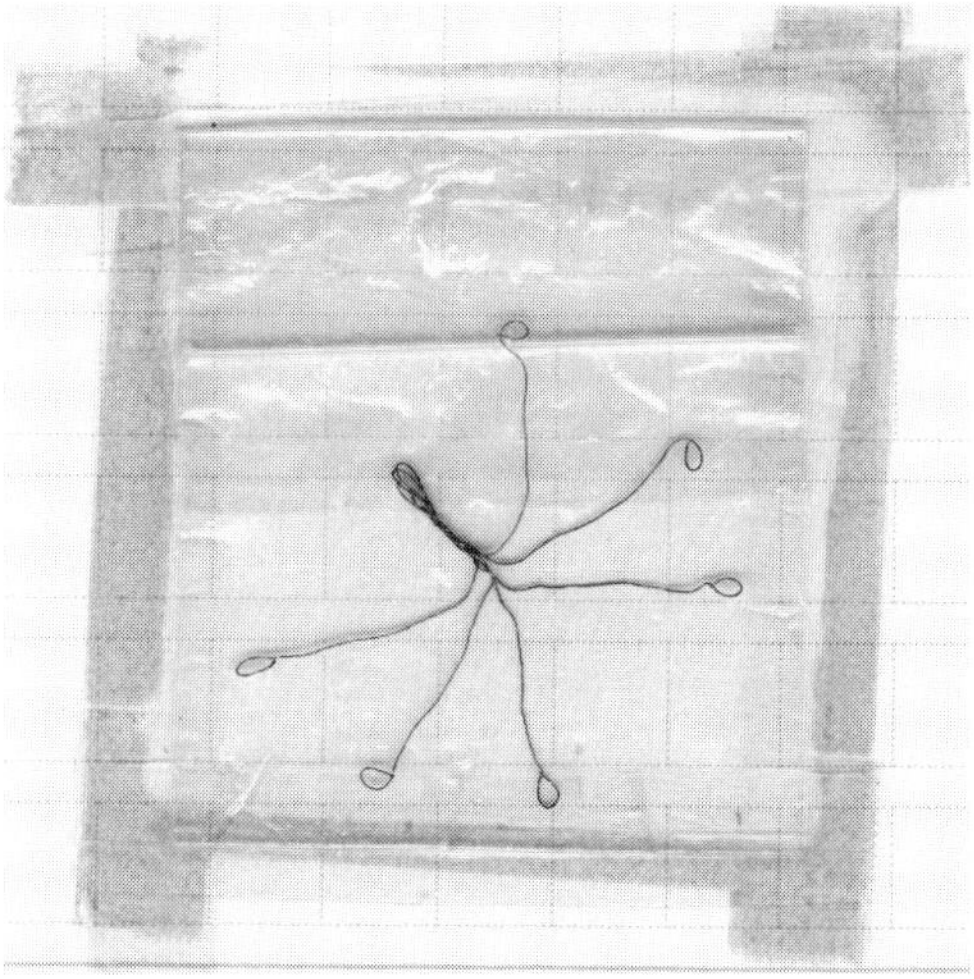

アメンボの模型

本物のアメンボも体全体が水にくっついていた方が浮きやすいのだろうけど、そうすると獲物を捕まえたり、敵からすばやく逃げたりできないから、水面ぎりぎりに張り付いたように足を開いて浮いているのだろう。と、そこまで納得するには多少時間がかかるのかも知れない。

「ぼくがプールで両手両足を広げて、水面にぴったりとくっつけるようにすると浮くけれど、手足を閉じて水中で立ったときには沈んでしまう。」最初の予想とは違う、アメンボが浮くひみつもあるに違いない。それにしても「家庭排水が川や池に流れ込んだら、アメンボはいったいどうなるのだろう。」ということも、実験をしながら親と子の会話として交わされるのはすばらしい。

市の科学作品展、県の科学作品展と出展され、その中でもすばらしい作品として取り上げてもらうことができた。記念すべきはじめての金紙であった。

第二章　お兄ちゃんにつづけ

5　水せいサインペンでお花をさかせよう　ともくん小学一年生

ああくんが小学五年生のとき、次男のともくんは小学一年生。お兄ちゃんが毎年夏になるとお父さんやお母さんを独り占めにしているのがうらやましくて仕方がなかった。

相手をしてもらえないともくんはテレビっ子になっていた。特にＮＨＫの『つくってあそぼ』は大好きだった。空き箱やペットボトルを使った工作や、画用紙いっぱいのお絵かきなど、ともくんの興味をそそるメニューがいっぱいであった。中でもともくんはお絵かきが得意で、サインペンでドラえもんの絵をところかまわず落書きしていたので、私は思わず怒ってしまったが、妻はこれにしようと考えたらしい。

「水性サインペンで紙に書いたところへ水をたらしたら色が広がって、インクが水と一緒に紙を広がってお花のように広がっていく様子がきれいに思えました。」

お母さんはさらに考えた。きれいな絵を描くだけでは美術だし、色だけではなくて、紙や水も変えてみよう。お母さんでなければ、小学一年生では紙に種類があるなんてなかなか思いつかないだろう。

選んだ紙は四種類。らくがき帳と習字の紙と障子紙とキッチンペーパー。これら四種類の紙に緑色のサインペンで点を描き、ストローで点の上に一滴水をたらした。なかなかこの一滴が難しい。最初は面白がって水をたらしていたが、

「一滴やで、一滴！」

と、お母さんにしつこく言われるとちょっとうんざりしてきた。でも、横につきっきりでいてくれるのは今しかない。いやな顔はできない。

複雑な心境で、とにかく言われるがままに、慎重に慎重にストローから一滴の水をたらした。

紙の特徴はすぐにわかった。らくがき帳だと水をたらしても点の上に水玉ができたまま広がらなかった。習字の半紙だと、最初に水が広がって、サインペンの色は濃いところと薄いところができた。障子紙だと、水といっしょにサインペンの色も紙の上に広がっていって、緑色だったのに水色に変わっているところがある。キッチンペーパーだと水をたらしてすぐに、サインペンのインクが解けたみたいになって、紙の下に流れて行った。

十分待った。

「もういい？」

「そうだね、もういいか。」

「ふう」

「こらっ！」

なんと、ともくんはらくがきちょうの上の水玉に息を吹きかけた。いわゆるデータねつ造ではないか。

習字の半紙は最初の点の形がわからなくなって、色も薄くなっていた。障子紙では水とサインペンの色が、下敷きにしていた厚紙にしみて、乾きかけている。キッチンペーパーでは水の広がった後へインクの色が付いてくるみたいに広がって、薄水色に変わっていた。三十分たつと、紙は乾いて、ともくんは消えていた。

しかし、実験はこれだけでは終わらなかった。

「とも！　どこへ行った。戻っておいで！」

面倒くさくなるとすぐにおばあちゃんのところに逃げてしまう。ともくんのおもちゃがあるわけではないけれど、まあくんの使っていたおもちゃが押入れいっぱいに片付けられていて、順番に引っ張り出しては遊んでいた。せっかく片付けたおもちゃを引っ張り出されることに、おばあちゃんはあまり快く思っていなかったけれど、孫が遊ぶ姿を見ているのは悪い気はしない。ともくんにとっては格好の逃げ場所になっていたのである。

さて、実験の続きである。

水の量の違いによって咲く花のようすは変わるのだろうか。

紙は習字の半紙を使った。研究の手順を踏んだ結果ではあるが、親が誘導しているのは間違いない。水の量の調節は水滴を何滴落とすかで測ることにした。一滴だとあまり広がらない。三滴だとしみだした。四滴だとうすくなってしまうことがわかり、二滴がもっともきれいな花びら模様をつくることがわかった。

次はサインペンの色で試してみた。紙は半紙、水滴は二滴。研究としての段階をきっちり踏むのは言うまでもない。

サインペンで書いたときは違う色なのに、水滴をつけると青、水色、緑はどれも水色になった。不思議なものである。理由はわからない。小学一年生だから、そこから先はまあいいか、と親が納得していた。本人の感想は、

習字の半紙に水２滴で花を咲かせた

「てんをかいたちょうどまうえに、ストローで水をたらすのがむずかしかった。たらすばしょがてんからずれると、まるくひろがらなくて、さんかくみたいになりました。」

最後にさらに親が入れ知恵して、

「かみにもいろいろちがいがあって、つかいみちによってしゅるいをつかいわけているそうです。」

と書かせたのは後から思えば、蛇足というものだろうか。

小学一年生ながら自由研究としてまとめたのはすばらしい。市の科学作品展へ、さらに県の科学作品展へと出展してもらうことになった。さすが、次男。兄を見て育つのである。

6　家の近くにこんな生き物⁉ 身近な自然観察

まあくん小学五年生

まあくんは小さいときからそうであるが、自由研究なんてどうでもよかった。五年の今年は両親の目が弟の方を向いているようなので、少し油断していたようだ。しかし、父としては忘れるわけはない。

まあくんとはよく散歩をする。近所に田んぼを持っているので、長男には百姓の仕事のこと、水利のこと、近所の住宅開発のことなど、それとなく話をしておきたかったということもある。自分が子供のころは近所の田んぼや川で遊びまわったということもある。安全なこと、危険なことを含めて、いっしょに経験しておきたい気持ちも親としてはある。まあくんにとっては「うざい」ことかも知れないが、当時は結構つきあってくれた。

ある日、散歩の途中でまあくんがゲンゴロウを見つけた。

「ゲンゴロウだ！」

と叫ばれても、そんなものいるわけないやろ、というのが正直な気持ちで、今ではどぶ川となっている大門川に無理矢理放流したコイと捨てられたミシシッピアカミミガメ以外の生き物なんているはずがないと頭から決めてかかっていた。

昔の大門川。最初にゲンゴロウをゲット！

「先、行くぞ。」
といって、その場を去ろうとしたが、まあくんはすでにゲンゴロウを捕まえようと川縁に腹這いになっていた。そして、捕まえた。

確かに私自身見たことがない。もちろんコガネムシやハナムグリとは明らかにちがっていた。早速家に持ち帰り、小さな水槽に入れてみると、泳いでいる。本当かどうかはわからないが、まあくん本人が図鑑で調べたところによるとコシマゲンゴロウということだ。

この大門川は私が小さい頃は確かにそこで泳いだ記憶がある。それくらいきれいな川だった。ところが、川沿いの宅地化が進み、下水が流れ込み、田んぼも減り、木が切られ、護岸で固められ、今ではのぞき込むのさえ躊躇されるくらい真っ黒な川になっている。とはいうものの、ここ数年は環境問題とかで少しはマシというか、コイやカメは見かけるようになっている。

ということで、コシマゲンゴロウを見つけたことは父と子にとって大きな発見である。今年の自由研究はこれだ、と父の目が輝くと、今回はまあくんも張り切った。なぜなら、一人で町内中の生き物探しに出かけられることになったからである。

記録紙を作った。捕まえた物、採集日、時刻、天気、気温、場所、生き物がいた時のようす、スケッチをするようにした。

生き物が棲んでいそうなところを事前に考えてみた。まず、水のあるところ、川や用水路は広いところや狭いところ、浅いところや深いところを拾い出した。それから田んぼや堀も探した。次に緑のあるところは公園や雑草地、家の庭やその他木のたくさん生えているところを探した。家の周りには結構水や緑があるものだ。家から約一キロメートル圏内の旧大門川沿いをはじめ、田んぼや公園を回ることにした。コシマゲンゴロウを見つけたのが七月二十一日だったが、すでに夏休みにはいっていたため、翌日からまあくんは毎日のように同じルート、同じポイントを調査した。

八月十日、たまの休みには父が後ろを追っていく。

「おい、今何か大きな鳥が飛び立てへんかったか。」

「あっちあっち。」

身軽なまあくんは慣れたもので、住宅の裏の方の水路敷きへ入っていった。鳥は捕まえるわけにはいかないので、せめて写真でもと思い、カメラを構えたが、なかなかシャッターを押すに至らなかった。何回か見かけた。ハトやカラスではない。一メートルはあろうかという程の大きな鳥だった。あとで調べて見て、わかった。アオサギだった。

調査は休み中に計十四日、見つけた生き物は二十三種類に上った。

家の近所を中心に調査したのだが、番外編もある。

七月二十七日、午後八時、家族みんなで紀伊風土記の丘へ出かけることにした。

紀伊風土記の丘は家から車で五、六分のところにあるので、距離でいうと五キロメートル程度であろうか。二、三年前からまあくんを連れてカブトムシ捕りに訪れていた。園内にあるクヌギの木の位置も確認済みで車を降りると、網と虫かごと懐中電灯を持って一目散にクヌギの木を目指した。クヌギの林が近づくと親子五人静かに木に近づき、幹の周りをくまなく観察した。

「お父さん、カブトムシおったで！」

「しっ！　どこや。」

「ほら、左の枝。オスとメスと二匹いるわ。」

回数を重ねると、だいたいカブトムシのいる場所もわかってきた。飛ぶ音まで聞き分けられるようになってきた。しかし、蜜を吸いながら交尾をしているとは、何と説明してよいものやら。とにかく網をかけた。「しまった！　はずした。」と思ったら下に落ちた二匹はそれでも離れない。世代を未来につなげる、本能から現れる執念のように感じた。

帰りがけにセミの羽化に出くわした。ともくんやひろくんは覚えているだろうか。パジャマ姿で連れられて、羽化したての白いクチャクチャの羽根をもったセミをじっと観察していたことを。神秘の世界である。

研究の整理にあたり、まあくんが感じたままに生き物ベスト3を選んだ。

めずらしい生き物・・・第一位コシマゲンゴロウ、第二位アメンボ、第三位ドジョウ。
たくさんいた生き物・・・第一位ジャンボタニシ、第二位ヌマガエル、第三位フナ。
びっくりした生き物・・・第一位コサギ、第二位アオサギ、第三位シマヘビ。

生き物マップを二種類作った。一つ目はめずらしい生き物を見つけたところとそのときのようすを地図に書き込んだもの、もう一つはたくさんいた生き物が見つけられたところを示すために地図に生き物のイラストを貼り付けてまとめたものである。イラストを描いたり、切ったり貼ったりは、まあくんの得意分野である。

今でもトンボが飛ぶ姿はよく見かける。ということはどこかにヤゴがいることは理屈としてはわかる。それが田んぼや水路の泥の中だろうということは想像がつく。しかし、泥の中に手をつっこんで、実際にヤゴを捕まえてくるとなると、やはり小学生にしかできない技である。それにしても昔田んぼだったところが、どんどん住宅地に変わっている。自然にトンボの姿が見られなくなる日も近いのだろうか。

まあくんは同じ場所を何回も何回も調査する中で、カメに尾を食べられたフナを見たそうだ。

「ぼくたちが住んでいる家のすぐうらのどぶ川でも、食べたり食べられたりということが行われていることにおどろきました。今回の自由研究では、家のまわりの生き物を探すだけに終わってしまいましたが、それぞれの生活の範囲や食べ物をどうしているかなど、さらに詳しく調べてみたいと思います。また、生き物がたくさん生きていけるかんきょうについても考えてみたいと思います。」

食物連鎖という言葉は小学五年生には難しく、実感がわかないだろう。しかし、実際に生きている姿と生きているものを餌として食べる姿、その両方を間近に見ることで本当の自然を実感することができて、身近な環境問題が見えてくるのかも知れない。

金紙第二号。県の科学教育研究会の冊子にも掲載してもらった。その年の県内ベストテンの一つであり、子供たちが親といっしょに家の周りの探検を始めるきっかけとなった作品である。

7 草の根っこはどうなっているの？ ともくん小学二年生

ともくんは小学二年生。去年はお兄ちゃんの金紙がうらやましくて仕方がなかった。四つも年上だから自分よりすごいのは当たり前なのだけれど、本人はそれでは気が済まない。「今年は自由研究を頑張って金紙をとるんだ」というのが夏休みの目標になっていた。次男というのははっきりした目標が身近にあって、プレッシャーである反面、成長のきっかけとなるようである。

「去年はサインペンで花を咲かせたから、今年は根っこでも調べてみる？」

妻は気楽な気持ちでともくんに声をかけた。

「やるやる！」

お兄ちゃんより先に研究テーマが決まったことはともくんにとってはすごくうれしいのである。親の方はというと、「まあくんは去年金紙をとったのだから、小学六年生となった今年は中途半端なことはできない。ともくんの方をさっさと片付けて、もっと言うと、手近ですませて、まあくんに力を注ぎたい」ということもあったのである。

一つ言い訳をしておくと、去年のまあくんの研究「家の近くにこんな生き物⁉」ですごく自信がついたということもあった。なぜなら、案外身近に自由研究の材料がごろごろ転がっていて、それが金紙につながったのだから。子供の努力次第、いかにうまく子供を乗せるか、ということかも知れない。

研究の動機はわかりやすい。「ぼくはお母さんといっしょににわの草むしりをしていた時、草のしゅるいによって、ねっこの形がちがうことをおしえてもらいました。にわにはえているいろんなしゅるいの草のねっこがどんな形になっているかきょうみをもったのでしらべることにしました。」小学二年生の自由研究の動機としては十分すぎるのではないか。草むしりというお手伝い、お母さんとの会話、知識の伝授、それが本人の興味につながったという、これ以上ない筋書きができあがったのである。

植物を引っこ抜いて根っこの形をスケッチし、図鑑の分類と照らし合わせるというのはよくある自由研究である。しかし、今回の自由研究では二つの工夫をすることにした。一つ目は根っこの形の分類をまず自分の思うとおりにやってみたこと、二つ目は芝生のところで三十センチメートル角の範囲をスコップで掘り出し、その中の草を取りだしたことである。これが意外と面白い。

「草抜いてこ〜い！」

号令をかけてみたものの、小学二年生は動けない。そう、目の前の草が草と見えていないのである。では、どう見えているのか。聞いたことはないけれど、おそらく緑色にだけ見えているのだろう。

「ともくん、足下、足下見てごらん。ほら、ギザギザの葉っぱ。タンポポの葉っぱやろ。」

「ふーん。」

「ふーん、やない。抜いてくるんやろ。」

「え？」

「草を抜くんやろ。ともくんは何を研究するんやったの。」

「あ、そうか。根っこや。」

そこからはまた一苦労が待っている。

タンポポの根を抜くのは難しい。そもそも葉っぱが地面にべったりと張り付いたようになっていて、うまくつかめない。案の定、一回目は葉っぱだけはがれてしまった。

「お母さん、タンポポは根っこがないわ。」

「そんなわけあるか。」

「そっち、そっち。そこにもう一つタンポポあるから、丁寧にもう一回掘ってみな。」

今度は移植ゴテを使いながら、丁寧に掘り出した。太くてまっすぐのゴボウみたいな根っこが現れた。

「じゃあ、次はそっち。」

いつの間にかおばあちゃんが庭に出て、草引きを始めた。

「ともくんが草引きしてくれてるから、おばあちゃんも手伝おうっと。」

いつもは一人で黙々と草引きをしているおばあちゃんだが、やはり、つらいことはみんなでする方が少しは気が楽になるものである。

「はい、これはヨモギ。」

「はい、これはドクダミ。」

おばあちゃんのおかげで、ともくんの作業がハイペースになっていった。

妻が横で抜いた草を並べていった。結構あるもので、スズメノカタビラ、ハシカソウ、オオバコ、アマチャヅル……、カラスビシャク、コニシキソウ、ツユクサ、オヒシバ……、カニクサ、トウバナ、ニガナ、セイタカアワダチソウ、ヘクソカズラ……、スズメとか、カラスとか、カニとか、クソとか、変わった名前の草があるものだ。もちろんすべて名前を知っているわけはないから、図鑑とインターネットを駆使してあとから調べたものもある。ただ、妻が昔から植物に興味があったおかげで、少し助かった。いや、かなり助かった。ヒンジガヤツリ、ホタルソウ、コミカンソウ、エノコログサ、チチコグサ。全部で二十一種類の植物を見つけた。妻が根っこを水洗いして、新聞紙の上に並べてくれた。

「スケッチしときな。」

と言われて、ともくんはいやな顔をしながら、スケッチを始めた。おばあちゃんが草引きを続ける横で、ひたすら二十一の草の絵を描いていた。

「今日はこれぐらいにしといちゃるわ。」

「あ～、くたびれた。」

と、芝生の上にともくんが寝転がってみると、アマチャヅルの長い根っこが横にあった。長い、長いアマチャヅルはともくんの背丈と同じぐらいの長さがあって驚いた。

集めた草は古新聞の間に挟んで、上に古本を載せて押し草にした。

明くる日、根っこの仲間分けをしてみることにした。ともくんは根っこを四つに分類することにした。太い根っこ、もじゃもじゃ、いもつき、よこつながり、の四つである。見た目そのままなのだけれど、なかなかわかりやすい良い分類だと私は思った。私も妻も植物の構造は詳しくないので、ともくんの素直な分類が大発見のようにも感じていた。

「お母さんといっしょに図鑑で根っこのことを調べてみることにした。根っこの仲間分けは双子葉類が主こんと側こんを組み合わせた構造、単子葉類とシダ類がひげね構造の二通りに分類されることがわかった。」ともくんがもじゃもじゃ、いもつきと言ったのがひげね、そのほかは主こん・側こんの仲間であることがわかった。二十一の植物を分類して、二つぐらい間違っていたけれど、だいたい仲間分けできていた。

一週間がすぎて、私が休みのとき、ともくんと一緒に芝生を掘り起こすことにした。私も土の中で根っこがどうなっているのかなんて、今まで意識して見たことはなかった。でも、ともくんには緑一色にしか見えていない芝生だが、スギナやニワゼキショウなど何種類かの小さな草が生えていることは知っていた。

三十センチメートル角の範囲をスコップで切り込み、ひとかたまりで掘り出した。まずブラシで土を落とし、それからホースを引っ張ってきて、水で土を洗い流した。

根っこがいっぱい絡まっているのがよくわかったが、ともくんはそれを丁寧にほぐしていった。ここは親としては手を出したいところだが、ぐっと我慢して、水をかけながら、ともくんの手先をじっと見ていた。横ではまたしてもおばあちゃんが草引きを始めていた。

30センチメートル角から取りだした根っこ

三十センチメートル角の中から草を取りだしてみると、九種類の草が見つかった。オオアレチノギク、トウバナ、ニワゼキショウ、イワニガナ、コハコベ、チチコグサ、スギナ、シバ、オオチドメ。もちろん名前は図鑑とインターネットで調べた。

根っこを調べるのは地上の部分と併せて観察しないといけないので、小学二年生には少し大変だったかも知れない。しかし、小学二年生でもその形の違いが十分に認識できることもわかったので、ともくんにとっては良い経験になったことと思う。

「土の上に出ているぶ分と土の中にあるぶ分の長さをしらべましたが、土の上のぶ分が長いから土の中にあるぶ分も長いというわけじゃなく、草のしゅるいによって根っこが長かったりみじかかったり、太かったり、細かったりすることがわかりました。三十センチの四かくの中にある草をしらべた時、九しゅるいも草があることにびっくりしたし、草のねっこがとなりどうしでしっかりからまっていて分けるのがたいへんでした。みじかいねっこでもこんなふうにして体をささえているんだなと思いました。図かんで名まえをしらべるのはよくにているものがおおくてたいへんでした。とくになかま分けはむずかしかったので、お父さんとお母さんに手つだってもらいました。」

ともくんが植物にはまるきっかけとなった作品である。もちろん金紙。ともくんにっこりであった。

8　四ツ葉のクローバーを探せ！

まあくん小学六年生

子供が成長するにつれて、私たち親は自分の子供の頃に照らし合わせてみたりする。そして時には思い出話をしたりするものだ。まあくんにとって小学生最後の自由研究の動機は次のようなものだった。

「昔、お母さんが小学生の頃、学校の校庭で四ツ葉のクローバーを見つけた話をしてくれました。実はその一つをお父さんにプレゼントしたそうですが、お父さんは全然覚えていないそうです。それはきっと自分で探したことがないので、その大変さがわからないから忘れてしまったに違いありません。ぼくは自分でいちど四ツ葉のクローバーを探してみようと思い、この研究を思いつきました。」

実際、四ツ葉のクローバーは見つかるだろうか。ただひたすら探すだけで研究と言えるようなものになるだろうか。そして小学生最後の夏休みに結果を残してやることができるだろうか。たかが自由研究、されど自由研究。親としてはちょっとした冒険気分であった。

まず、目的。①三ツ葉の形をした草にはどのような物があるか調べる。②なぜ四ツ葉になるのか、また、四ツ葉はどれくらいの数があるのか調べる。③家の近所で四ツ葉のクローバーを探す。④ついでに他にも変わった形の葉がないか探す。

もちろんこの目的は後付けである。最後の最後にまとめる段階になって親と相談しながら書いたものである。ということで、まずは四ツ葉が見つからないと研究にも何もならないので、私はまあくんに発破をかけて徹底的に探させることにした。家の庭、近所に三つある公園、道路の歩道と三ツ葉のありそうな場所を探して回ることにした。

まあくんは最初庭で探した。弟のともくんが根っこの研究を始めていたので、芝生の間から生えているシロツメクサやカタバミを探しては四ツ葉になっていないか確認した。おばあちゃんも草むしりをしながら、クローバーの固まりを見つけてはまあくんを呼んでくれた。でも、四ツ葉は見つけられなかった。まあくんは一人自転車に乗って公園を探し回るようになった。

「四ツ葉のクローバーは見つかったか。」七月終わりの金曜日の夜、私はまあくんに聞いてみた。まあくんは雨の日以外はほとんど毎日四ツ葉のクローバーを探し回っていた。そして四ツ葉が見つかっていないことも知っていた。そろそろ方向転換をして、「シロツメクサの観察」だとか、「家の周りの三ツ葉の植物の分布」というような研究もありかな、と考えていた。

むすっとしたまあくんを横目に、妻が口を挟んだ。

「そんなに簡単に見つかるわけないよね。昔も探すの苦労したんだから。」

情勢が悪化しないうちに、私はかわした。

「よし、明日分布図を書きながら一緒に探して回ろう。」

まあくんの顔がゆるんだように見えた。

明くる日、まあくんと一緒に自転車で出かけることにした。ノート（自由帳）、色鉛筆、メジャー

（三ツ葉の植物が分布している広さを測る）、地図（三ツ葉を見つけた場所を記録する）を持っていった。調査した場所は家の庭をスタートに、太田第一公園、太田第二公園、黒田公園とそれぞれの公園へいく道筋の道路脇の歩道をくまなく探しながら分布を記録していった。

ノートや地図には色鉛筆で植物の種類ごとに色分けして、見つけた場所や固まりの範囲の大きさを記録していった。カタバミやアカカタバミは木の下の陰や日の当たるところなど、色々な場所で見つけた。歩道の植木の陰では小さな群落を作っていた。公園の遊歩道のブロックの際にも小さな群落を作っていたし、シロツメクサの中にもまざって生えていた。ムラサキカタバミは葉っぱが大きい。日陰に多く生えていて、庭や歩道、公園でカタバミの近くにぽつりぽつりと生えて群落は作らない。シロツメクサは日の当たるところに生えている。主に公園に多く生えていて、一面に広がっている。

シロツメクサのスケッチ

記録しながら二人でいろんな形の葉っぱを見つけることができた。普通シロツメクサの葉っぱは小判型の葉が三枚同じところから出ている。ところが二人が見つけた葉っぱは、ハート形であったり、二ツ葉であったり、ブーメラン型であったり、雪だるま型であったり。それから同じ葉が同じところから出るのではなく、三枚の内、一枚の出るところが少しずれていたり、二枚がひっついていたりという

六ツ葉発見!!

ような二・五ツ葉のクローバーもみつけた。とりあえず、シロツメクサのスケッチをさせると意外とうまく描くことができた。正直言って、これだけやったんだから四ツ葉を見つけられなくても良いかと思うようになってきた。ブーメランや雪だるまは小学生的にはおもしろいが、虫に食われた結果だろうというのは想像できた。しかし、やはり小学生なんだから目的にそって努力したということで十分かなと、親としては弱気なことを考えていた。とは言っても、まだ夏休みが終わったわけではないので、まあくんはその後も四ツ葉のクローバーを探し続けた。家に一番近い太田第二公園で弟たちにも手伝ってもらいながらシロツメクサの群落の中を探し続けた。そして、とうとう見つけた。葉っぱの多いのがあると思って摘んでみると六ツ葉だった。近くにきっと他にもあると思って、六ツ葉を見つけた群落を徹底的に探したが、それ以上は見つからなかった。「でも、まあくんはすごい」根気、努力の勝利。

目的の一つ、四ツ葉はどれくらいあるのかについて、四ツ葉が見つからなかった以上、その数を考察することはできない。だけど、六ツ葉を見つけることがどれくらい大変か、自由研究の中で現したかった。それは小学生には難しいことであるとわかっているが、敢えてやらせた。

六ツ葉を見つけたところで徹底的に探したものの、四ツ葉や五ツ葉、六ツ葉はそれ以上見つからなかった。だから逆にその六ツ葉が見つかったシロツメクサの群落に三ツ葉がどれくらいあるのかを計算した。というか、まあくんに無理矢理計算させた。

まず、六ツ葉を見つけた群落の範囲を決めた。シロツメクサは公園の中、一面に広がっているけれども、人がよく通るところなどシロツメクサの生え方がまばらになっているところを境目として境界を決めた。そして、その面積を測るために、境界のポイントを決めて三角形や台形に重ねて辺や高さの長さを測った。まあくんは私に言われるがままに長さを測った。その群落の中で、二十センチメートル角で区切った場所を決め、その中のシロツメクサの三ツ葉の数をまあくんに数えさせると九十三本だった。群落の範囲の面積は計算すると十万千二百平方センチメートル。二十センチメートル角の面積は四百平方センチメートル、よって三ツ葉の本数は九十三かける十万千二百わる四百で二万三千五百二十九。「だから、ぼくが見つけた六ツ葉のクローバーは約二万三千五百本の中のたったの一本だった。」と研究のまとめに書かせたが、他の群落と比較できていないし、根拠のない勝手な概数の考え方に、本人が理解できるはずはないだろうと私は今でも反省している。

「結局四ツ葉を見つけることができなかったので、インターネットでも調べてみることにしました。すると、四ツ葉は踏みつけられたりしてできる奇形であることがわかりました。もしも本当にそうであれば、自分でしっかり踏みつけたりすると四ツ葉ができるのではないかと思いました。これからも四ツ葉のクローバーを探し続けて、ぜひ一本は見つけたいと思います。そしてできれば自分で四ツ葉のクローバーを作る研究をしてみたいと思います。」考察の最後を締めくくった。

さて、夏休みもあと三日となった平成十五年八月二十九日。家族で淡路島へ遊びに出かけた。淡路島のハイウエイオアシスに車を置いて、隣接する広大な公園、県立淡路島公園へと入っていった。レストランの奥にある出入り口から外に出ると、手入れの行き届いた庭園が続く。足下の歩道には瓦をはめ込んで舗装していて、瓦を特産としている淡路島らしい庭園の作りとなっている。細長い庭園を抜けると車道を挟んで、さらに大きな池を渡り広大な公園が続く。公園にはフィールドアスレチックの遊具のほか、木々の中をくぐりながら滑る長いスライダーや船の形をした遊び場や人工池に向かって発射する水鉄砲などたくさんの遊具があり、好きな道具をやりたい放題に使えるので、子供たちは大喜びだった。

水の遊び場で遊び疲れ、砂場から芝生広場へ入っていったときのことだった。

「お母さん！　四ツ葉あるで！」

まあくんが叫んだ。見渡せば、芝生広場から砂場へ降りる階段の近く、通路になっているところにシロツメクサの群落が点在していた。

「どこどこ？」

ともくんが寄っていった。

「ヨツバ、ヨツバ。」

ヤマトメリベの時には私に抱かれてつれ回されていたひろくんが、幼稚園児となって、二人の兄の後を追い回していた。

まあくんの立っているところには二メートル四方ぐらいのシロツメクサの群落があり、よく見ると四ツ葉や五ツ葉のクローバーがいっぱい見つかった。そこは、人がよく踏みつけていそうなところだった。他の群落と比べるとシロツメクサの花が少ないように感じた。そして、四ツ葉や五ツ葉がかたまっていた。ともくんもひろくんも見つけた。みんなで探すと、四ツ葉を二十五本、五ツ葉を五本見つけることができた。

いったんは自由研究をまとめて清書したものの、せっかく四ツ葉を見つけたのだから追加することにした。太田第二公園で数えた群落の数を参考にすると、この二メートル四方の中には約九千三百のシロツメクサがあることになる。今回、この群落の中の四ツ葉や五ツ葉を取り尽くしたわけではないので、実際には十倍ぐらいはあるだろうと考えて計算してみることにした。すると、この群落の中で、四ツ葉は百本の内二～三本、五ツ葉は千本のうち五～六本の割合で生えていることがわかった。それから、若い芽の葉も見つけることができた。その葉は三枚の葉がそれぞれ半分に折れ、重なっていた。これを見て、まあくんは気がついた。私と妻は確証が持てた。つまり、雪だるま型やブーメラン型の三ツ葉はこのような若い芽の時に虫に食べられてできたものだろうということだ。まあくんは大好きな折り紙を使って、ブーメラン型や雪だるま型のクローバーを再現することもできた。とにかく当初の目的がやっと達成できたような気がしてほっとした。

まあくん、小学六年生。小学生最後の自由研究を金紙で締めくくることができた。とはいうものの、これはまだ通過点である。

9　葉っぱをじっくり見てみよう　ともくん小学三年生

子供は結果が伴うと生き生きとしてくるものである。ともくん小学三年生の夏休み。

「お父さん。今年は自由研究何する？」

と聞いてきた。「そんなこと、聞く前にまず自分で考えろ！」と言いたいところではあるが、自分から言い出しただけでもほめてやらねば、と気持ちを切り替えた。

「去年は草の根っこを調べたからなあ。」

「じゃあ、今年は葉っぱにする？」

「えっ？」

驚いた。自分からテーマを決めるなんて、考えられない。と思って、台所にいる妻の方に目を向けた。すると、にっこり。私は納得した。

植物の葉っぱの形を観察して、仲間分けをするという、小学校高学年では定番かも知れない自由研究に、小学三年生で取り組むことにした。

研究の方法はいたってシンプルである。①家の周りにある草や木の葉っぱを取ってきて、カードにスケッチする。②観察した葉っぱの特徴を調べる。③特徴の似ているものどうしを仲間分けする。④

図鑑で仲間分けが正しいかどうか調べる、というものである。葉っぱの特徴は、形、大きさ、色、厚み、毛が生えているかどうか、葉脈の形、軸があるかないか、葉っぱの付き方、葉っぱの端にとげがあるかないか、模様があるかないか、という十項目について観察して記録させることにした。

ともくんは張り切っていっぱい葉っぱを集めてきた。

「よし、スケッチしよう。」

「は〜い。」

と、調子よく返事をして絵を描き始めた。

「何だ、それは。」

ともくんが描く葉っぱの絵はどれもこれも同じだった。楕円形に軸、これでは葉っぱの観察になるわけがない。

「形をしっかり見て描くこと。それから、葉脈のようすを観察して、それも写しなさい。」

「え〜。」

と、ふてくされたものの、一から描き直した。そして、スケッチした数は三十。そのスケッチの裏には葉の付き方を模式図で描くことにした。スケッチと模式図、この違いを理解しろと言っても無理があるだろう。そこは手取り足取り、葉っぱはどこから出ているか、軸はあるか、一カ所からいくつ出ているか、などなど、誘導しながらなんとか模式図も仕上げることができた。

スケッチをもとに、特徴の似ているもので仲間分けを行った。①葉脈がまっすぐの線になっていて葉の形が細長くなっているもの、②ギザギザがあまり目立たず、丸い形のもの、③長い軸（くき?）

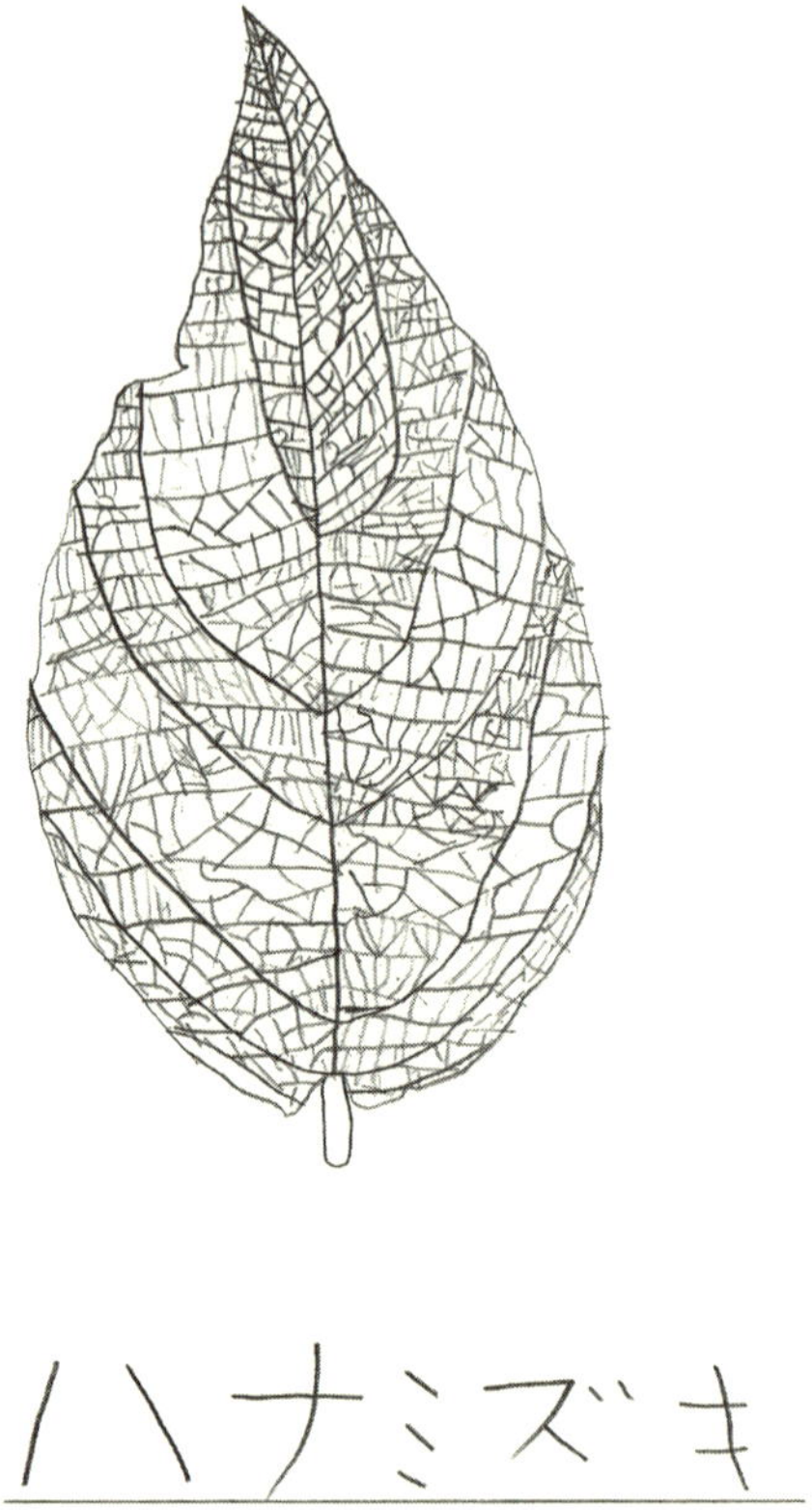

にぴゅぴゅっと葉が付いているもの、④葉の端によく目立つトゲがあるもの、⑤くきの付け根で葉脈が丸くふくらんでいて葉の形がだらんとなっているもの、⑥太い葉脈で葉が分かれているもの、と六通りに分けてみた。

本で調べてみると、少し違った分け方をしていることがわかった。①たまご葉、②まる葉、③さんかく葉、④ながほそ葉、⑤かたな葉、⑥ふか切れ葉、⑦げじげじ葉、⑧さんまい葉とごまい葉、⑨かわり葉、と分けていた。たまご葉やかたな葉やふか切れ葉など、ともくんの分け方と似たものもあるが、どのように違いを理解したらよいのか。しかたないので、考察でもう一度、本に載っていたとおり、葉の形だけで分けてみた。確かに分けやすかったのだが、親子ともに「ふ～ん。」で終わってしまった。

葉の付き方でも仲間分けを試みた。向き合って付くもの、一つ一つ付くもの、一カ所に集まって付くものと、こちらも色々仲間分けができることがわかり、少し楽しかった。

考察にともくんなりの苦労がうかがえる。「葉っぱは、同じえだについていても先の方と下の方では形や色、厚さもちがって、なかま分けするのにとてもなやんだ。」というのが正直な気持ちだと思う。やいやい言われながら描いた蜘蛛の巣のような葉脈の絵だけが印象に残る自由研究であった。県展まで行ったものの、金紙は残念。苦労した割にはスケッチそのものが科学的でないというか、結果が先生の壺にははまらなかったというか。指導者的には低学年に基礎を仕込むことの難しさを感じた作品であった。

一〇　旧大門川の生物調査　まあくん中学一年生

児童生徒科学展は、名前のとおり中学生の自由研究も対象にしている。まあくんの中学ではやはり夏休みの宿題として課されていた。中学生になったまあくんを、親としては放っておくというわけではないが、宿題をこなす面倒まで見る必要はないと思っていた。それよりもともくんがかすかに自由研究に目覚めてきたところだから、それを伸ばしてやりたいという思いであった。しかし、小学三年生ともなると兄にちょっかいを出したくなるようだ。

「お兄ちゃんは今年自由研究の宿題はないの?」

「なんで。」

「ぼくはすること決まったで。」

「うるさい。」

ともくんとしてはテーマが決まったことを誰よりも兄に自慢したかった。葉っぱの研究をするということを言いたくて仕方がなかったのであるが、一方のまあくんにとっては、それがうっとうしくて、あっさりと言葉を遮ってしまった。その一方で、

「お母さん、自由研究は何したら良いと思う?」

と、助けを求めに来たのである。

お母さんも一度は「えっ。」と思った。中学生に自由研究のテーマをアドバイスするなんてとんでもない。自分で考えて、自分で勝手にやって、とにかく宿題として提出さえすれば問題ないはずだ、と思っていた。しかし、理科好きのお母さんは、「しめた！」と思ったのである。中学生になっても頼って来てくれることの方が心なしかうれしかったからだ。

「小学校のときにやった生物調査をもう一度やってみたら？　前の状況と比較してみても面白いのと違う？」

まあくんとしては、中学の先生は自分が小学校の時に何をしたかなんて知らないはずだから、前の自由研究をそのまま写して、簡単に夏休みの宿題をこなすことができると思い、親としてはあわよくば中学生でも金紙をねらえるのではと思ったわけだが、現実は双方にとってそれほど甘くはなかった。

小学五年生の時には、家の近くにどんな生き物がいるのか、徹底的に調べた。川や田んぼ、公園を毎日のように巡回して、アオサギやクサガメ、ドジョウなどを次々と見つけ、大人の目にはすっかり見えなくなっている生き物が細々とではあっても生きながらえていることがわかった。

あれから二年が経って、たくさんの生き物を見つけた旧大門川にかかる橋が架け替えられ、少し周辺のようすが変わった。「そこにすむ生きものたちにも変化が見られるだろうか、また、五年生の時には調べられなかった生きものたちの生活環境はどうなっているのだろうか、この二つの疑問について調査してみることにした。」というのが、表向きの研究の動機である。

中学生というプライド?からか、研究の目的を「生き物を見つけること」から「生態系を形成していることの確認」に格上げした。小学五年生のときにすでに下水道となりつつある家の裏の水域に多くの生き物を見つけているが、その生き物たちの生活環境にまで踏み込もうということである。

まあくんにとっては今回の自由研究は小学五年生の焼き写しだから、とにかくもう一度生き物を探しに行こうということになった。「よくわからないけれど、とにかく変わった生き物を見つけてこい。」ということで、夏休みにはいった途端、まあくんは毎日自転車で出かけた。

「何か変わった生き物見つかったか?」

毎日の晩ご飯の会話はこれから始まる。そして、決まって、

「別に。」

と、返事が返ってくるだけである。

「どうするの?」

「何が?」

「自由研究をどうまとめるかということやろ。」

ピンとこない。

「えっ？　五年生の時の成果品、お母さんがおいてくれてるで。」

おいおい、まるまる写す気かよ。

「カメでもコイでもいいから、いつもの生き物がどこにいるか、周りの環境がどうか、ちゃんと調べて記録しておけ。」

「え〜。何調べたらいいの？」

何？　何を調べたらいいのだろう。環境ってなんだろう。

「水深と排水口の位置を確認しておけ。」

「排水口って何よ。」

「川へ水が流れ出てるところだ。」

「知ってるよ。それがどうしたって聞いてるの！」

「知るか！　汚い水が出ていたら、生き物にも影響あるやろ。」

とにかく、闇雲に始めた調査を事前調査ということにした。

事前調査は計四回実施し、生き物の分布状況の概要を把握した。また、川に流れ出る排水口の位置を確認した。調査範囲を旧大門川の約八百メートルの範囲とし、その中でも①大門橋周辺、②無名橋下流、③田んぼ沿いから住宅の間その一、④出水南橋上流、⑤住宅の間その二、⑥沼、の計六カ所を調査ポイントと決めた。

まあくんは採集網の柄にスケールを付けて、各ポイントで水深を測った。そして、水の濁り、排水口からの水の状況、木や建物の陰のようす、川底の水草や泥のようすなどをメモに記録しながら、生き物を観察した。生物はフナ、コイ、カメのほか、小学生の時に家の裏から飛び立つのを見て驚いたアオサギやコサギも観察することができた。

調査の結果はいつもの住宅地図に書き込んだ。電話帳の中についている地図で、ちょうど家の周りの範囲が載っている。実はこの地図は小学五年生の時にお母さんが見つけて、それからずっとコピーしながら使っている。物持ちが良い。

文献によると生息する生物からその水質を推測することができるということで、結果はα中腐水性ということだが、実はあまりよくわからない。あまりきれいとは言えないようだが、かといって水道水に使えるらしいので、たいしたものだ。

今回調査した旧大門川は川幅が五メートル足らず、水の流れているところは二メートル程度の小さな川で、さらに今回の調査範囲が八百メートル程度というきわめて限られた範囲である。まあくんにとっては小さいころから見慣れたフィールドであるけれども、この狭いエリアの中に、餌をやらなくてもフナやコイが生息し、鳥が飛んでくるということはこの中にも食べたり食べられたりという関係が成り立っているようである。また、餌があるだけでは生物はそこにずっと生息し続けることはできない。二年にわたる調査で、旧大門川では少なくとも二年以上は同じような生息環境が保たれていたことになる。そのためには卵を産んだり、幼体や成体が生息する環境がそこになくてはならないが、まあくんはサギやトンボ、カメ、コイ、ザリガニの餌や幼体についても調べて、旧大門川にそれらが生息する環境があることも確認した。

正直言って、家の近くがこれほど生態系の豊かな場所であったとは、私も妻も知らなかったが、子供の自由研究を通して改めて地域を見つめ直すきっかけとなった。

余談になるが、中学生の自由研究はB5サイズのレポート用紙で提出する。冬休みが近づいたころに、まあくんは先生に呼び出された。

「おまえの自由研究を市の科学展に出すから、冬休みの間に研究を仕上げて大きな紙に清書してお

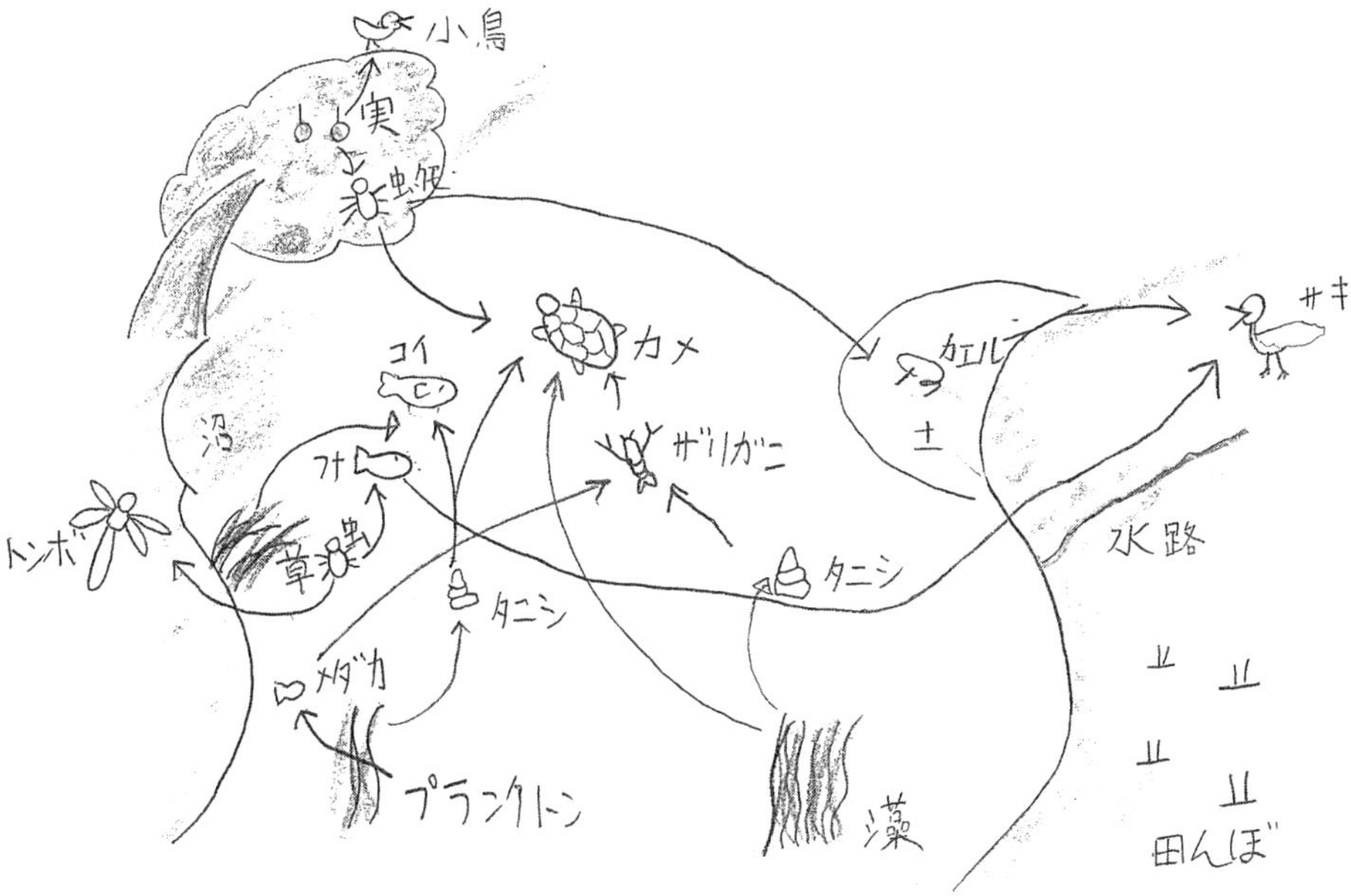

旧大門川における捕食関係の模式図

け。」

「えっ？？？」

「冬のようすを調べて追加してもいいんじゃないか。」

　まあくんはいやとも言えず、とにかく自由研究を持って返ってお母さんに相談した。

「まあくん、やったね。冬休みも調査がんばれ。」

と言われたものの、まあくんはなかなか重い腰があがらず、調査を実施したのは一月に入ってからだった。「夏も冬も変わるわけないやろ。」と思いつつも、

「夏休みに調査した六カ所をもう一度調べたらどう？」

と、お母さんに言われて夏休みと同じように調査した。

　夏休みの時よりも水の量が全体的に減っ

ていて、底まで見えていた。大門橋周辺では夏休みには水深が深く濁っていたのでわからなかったが、川底に藻が生えていることがわかった。コイやフナやカメは大門橋上流では見られなくなり、小型の鳥が多く見られた。沼の付近は木の葉や草がなくなり見通しがよくなっていて、やはりコイ、フナ、カメは見られなかった。大門橋の下流では魚が多くいて、冬なのにカメも見られた。夏にはあまり見なかったが、サギやトンビが何羽も飛び交って、人や車に関係なく、姿を見せているようすであった。

「冬に追加調査をしてみて、鳥がたくさん、しかも堂々と飛び交っている姿が見られたのに驚いた。カメはきっと土にもぐっているのだろうが、コイやフナはどこへ行ってしまったのだろうか。あるいは大門橋の下流の水の深いところに集まっているので、鳥も集まってきたのかも知れない。下水道のような川だと思っていた所にたくさんの生き物がいることを発見し、家の近所の川なので、これからも注意深く環境の変化を観察していきたい。そして、これ以上生き物の住む環境を悪化させないようにしていきたいと思います。」

冬休みも調査した甲斐があった。

地域の再発見ネタは先生の目にとまるのだろうか、本人の力を発揮しやすいこともあり、金紙獲得である。

第三章　三人三色

11

ささえぼうを食べちゃった街路樹の観察

ともくん小学四年生

いよいよこの年がやってきた。まあくんが初めての自由研究を手がけた年から数えて八年目、兄弟三人の自由研究に取り組まなければいけない年である。まあくんは中学二年生、宿題としての自由研究は最後の年。ともくんは小学四年生、それなりに自由研究に目覚めてきた。そして、三男のひろくん。小学一年生に進学し、自由研究へのデビューである。

三人にテーマを与えなければいけない。一つの考え方として、同じテーマで取り組んでそれぞれのレベルにあったところでまとめさせる、という方法もある。大学の卒業研究はそんなものだったように思う。結局、教授なり助教授なりの研究テーマを手伝いながら一部の実験を受け持ち、まとめて提出した。自由研究でも兄弟連名で成果品が展示されているものも少なくないし、兄弟が力を合わせて実験や観察や調査を実施するというのは結構先生受けするような気はする。しかし、我が子の場合はそんなわけにいかないのは目に見えている。何せ年が離れているし、長男に引っ張られて何かをするというのは次男も三男も納得しない。そこでスタートを切ったのは次男のともくんであった。

それは私がともくんと二人でおつかいに行く途中のことであった。近所に宮街道という大きな四車線の通りがあり、そこの歩道沿いに植えられている街路樹を見て、ともくんが叫んだ。

「わあ、この木、鉄棒食べてる!?」

この子は何言ってるのだろう、と思った次の瞬間、私は自分の目を疑った。おそらくその鉄棒は苗木の時に支え棒として設置されたものだろう。鳥居型をした鉄パイプがそこにあるのだが、それが今ではすっかり太く大きくなった木の幹にまさにパクリとくわえられているのである。

「よし、次のテーマはこれでいこう！」

何をしていいものやら、先が見えたわけではないが、まずはとにかくともくんの自由研究のテーマが決まった。二年生で根っこの形、三年生で葉っぱの形を調べたので、四年生では木の幹の形と言うわけだ。ともくんが小学三年生の冬のことであった。

テーマが決まれば、とにかくスタートさせようと考えた。

三学期の終業式が終わった明くる土曜日、早速行動を開始した。

「ともくん、お城へ行くぞ！」

「行く、行く。お城へ行って何する？」

ともくんは先日自由研究のテーマを決めたことすら忘れているが、街路樹とお城がつながらないのも無理はない。私も何をして良いやらわからないので、とに

むしゃむしゃ

かく木を見るのであればお城。この近所では最も木が生い茂っていると考えたのである。

「自由研究をするのに決まっているやろ。」

と、意気込んでみせた。

お城へは自転車で出かけた。いつの間にかひろくんもついてきていた。ひろくんは自転車で出かけるのが好きで、お城へ自転車で出かけると聞いただけで逃す訳にはいかないと思ったようである。

お城では、ひろくんがあちらこちらと走り回る横で、ともくんはとにかく木のようすを観察した。兄弟なのに行動パターンが全然異なる。一方は糸の切れた凧のようであるし、もう片方はダンゴムシのようにもそもそと動いては立ち止まってうずくまるということを繰り返している。親としてはその両方に目配りしないといけないので、結構たいへんである。

ともくんはこつこつと調査することによって、意外と変わった木が多いことに気がついた。研究のテーマは支え棒を食べる木を調べることなので、特に木の幹に注目して観察すると、幹に穴があったり、横に割かれていたり、縦に割れていたりする木を見つけた。枝が分かれて、また幹に引っ付いている場合があった。また、木の幹に別の植物が生えていたり、根が浮き上がって洞穴ができていたりした。実はこれら、ヤドリギや根上がり松のことは以前から知っていたので、この不思議なようすを不思議と思って観察してほしいと、敢えて誘導したのだった。

木と言えば幹がまっすぐ上にのびているものと思いがちだが、結構複雑に変形していることが、いろんな木を観察してわかった。この観察を活かして、街路樹を詳しく調べることにした。

ゴールデンウィークのど真ん中、五月四日に初めて宮街道を事前調査した。街路樹はトウカエデという名前の木で、宮街道の南北両側の歩道に植えられていた。南北の歩道を一周してみるとトウカエデは四十九本植えられていた。そのうち、特徴のある木を十本選んで調査することにした。調査の項目は①幹の太さ、②木の高さ、③木のようす、④木の周りのようす、とした。幹の太さはともくんが自分の肩の高さで、メジャーを使って測った。木の高さは私が木の下に立って、身長の何倍あるかを少し離れたところから観測させた。木のようすは目視観察、木の周りのようすは支え棒や電線や電柱との関係など、特に木と支え棒との関係は四十九本すべての木で調べた。

六月十二日、日曜日。第一回調査を実施した。私を基準に高さを測ることにしたので、土日しか調査できないことになってしまった。「しまった！」と思ったが、ともくんにしてみれば、学校に近いこともあって、近所の友達に出会うこともある。そのときに当然ながら「何してるの？」という話になるから、妙な混乱を避けるためにもお父さんと一緒に調査したかったようだ。まあくんの生物調査のときは勝手に一人で町内を自転車で走り回ったけれど、今回は全く二人三脚の状態だ。しかし、私が考えても小学生が一人で街路樹のスケッチをして太さを測っているというのはおかしな姿なので、仕方ないかな、と付き合うことにした。

調査は八月中旬まで、計六回実施した。

六月二十五日、特に着目する木を二本追加することにした。

七月二十四日、すべての木で支え棒との関わりを調べた。

七月二十五日から二十八日、幹の太さと支え棒を食べているようすとの関わりを調べるためにすべての木の幹の太さを調べた。

八月一日、支え棒にかぶりついているようすを詳しく調べた。支え棒の食べ方にもいろいろあることがわかった。チュッとしているもの、横棒をかぶりついているもの、縦棒をかぶりついているもの、支え棒を幹に取り込んでしまっているもの、の四種類に分類できることがわかった。また、その他の例として、根っこが支え棒を食べている場合があった。

八月十五日、特に着目する木の幹の周りの長さを測った。

さて、ここからが親の腕のみせどころである。

「ともくん、測ってきたのをこの表に整理しな。」

渡した表は南北の番号ごとに、太さと支え棒のようすを書き込むようにした単純な表である。ともくんは、さっさと幹の太さの数字を書き込み、支え棒を食べているようすの分類と食べている長さなどを書き込んだ。

「できた。」

「よし、そしたら次は……。」

「え〜、次あるの？」

「当たり前やろ。これだけで何かわかるか？」

ともくんがわかるはずがない。やらせている私も全くわからずにやっているのだから。

「とりあえず、グラフに書け。」

「何書くの？」

「わかるか！」

「わからんとできへんわ。」

「じゃあ、さっきの表を幹の太い順に並べ替えろ。」

「どうするの？」

「太い物から順に別の紙に書き直すの。後はお母さんに聞け！」

妻に丸投げしてしまった。その代わり、グラフの下書きをするはめになった。

しかし、けがの功名というのか、幹の太い順に並べ替えた表から面白い結果が浮かんできた。

表の左側に太い、中ぐらい、細いの三つの欄、上の欄に、何もない、チュッ、横棒かぶりつき、縦棒かぶりつき、取り込みの五つの枠を設け、それぞれを北と南に分けた。ともくんが整理した表から、それぞれの数を数えて新しい表に書き込んでいった。全部で四十九本の街路樹は北に二十四本、南に二十五本と均等に植えられていて、太いものは北に十二本、南に四本、中は北に六本、南に十本、小は北に六本、南に十一本という内訳であった。さらに表の中へ書き込んでいくと、チュッとしている木は北側に十一本、南側に六本で北側にやや多い。横棒を食べている木は北側に二本、南側に十一本で南側に多い。縦棒を食べている木は南側しか見られず、五本であった。普通に考えてみれば幹が太いほど支え棒を食べる度合いが高くなるように思われるが、全く逆で幹が太い木は北側に多いのに支え棒を食べている木は南側に多いという結果がでたのだ。よくわからないのになぜか浮き浮きする結果ではないか。

もう一つ、夏休みの一カ月という短い間だが、木の幹の太さに結構変化が見られた。幹周りの長さが多い物で七センチメートルほど成長した。自由研究ガイドブックを見ると、木の高さや太さ、大きくなった分によって、吸収した二酸化炭素の量を示した表を見つけた。きっと木の種類や生えている環境によっても違うのだろうけれど、参考に計算させてみることにした。小学四年生で光合成が理解できるわけはないので、全く強引であるが、計算させた。きっとともくんは言われるがままにかけ算をして、言われるがままに原稿を書き写していたに違いない。計算によると一本あたり一・五キログラムの二酸化炭素を吸収したという結果がでた。大人が一年間に出す二酸化炭素の量はおよそ三百六十キログラムだそうなので、二百四十本の木がいることになる。道沿いに街路樹を植えるだけではとても足りないことがわかった。あくまで計算の考え方が間違っていなければの話だが。

考察。「支え棒を食べている木を見つけてこの調査を始めましたが、すべての木で食べているわけではないことがわかりました。調査の結果、道路の南側でたくさん見られましたが、日かげになるからなのか、電線があるからなのかなど、その原因についてはさらに調査しなければいけません。それにしても、支え棒を食べるほどに木の幹が変形しているというのは、実は木はきっとつらくて困っているのにちがいないと思います。こんなになるまで、ぼくは街路樹をじっくり見ることもありませんでしたが、今回の調査をきっかけとして、家の周りの木や自然にもっと目を向けるべきだと思いました。そしてこんなになってしまう前に、木や自然を大切にすべきだと思いました。」

もちろん、金紙獲得。市の作品集に掲載されるにあたり、小学校の先生が指導者の立場で、コメントをくださった。「身近な生活の中から見つけた驚き・発見からここまで研究を発展させていることが大変すばらしい。それに調査・研究が見通しを持って計画され、三月から五月、六〜八月まで長期にわたり楽しく粘り強く行われていることに、四年生とは思えない立派な内容だと考える。変形した街路樹の調査から、地球温暖化の原因の一つである二酸化炭素へと発展して、環境について考えていく視点の確かさは、次の科学作品への期待を抱かせる。」という、まさに大絶賛であった。

後日談となるが、翌年、また百均ショップへ買い物に行く時、街路樹の支え棒がすべて撤去されていることに気がついた。この研究を見てくれたのか、道路を管理している人が気づいたのか、あるいは他の人が指摘したのだろうか。いずれにしてもすでに支え棒が必要ない、一本立ちした木々であるのだから、「もっと早く、支え棒をはずしてやっておけば、のびのびと成長できただろうに」と思って、ともくんと顔を見合わせた。

12　アサガオのかんさつ：ねるこはそだつのか　ひろくん小学一年生

一度に三つのテーマを考えないといけないとなると、一つぐらいは教科書通りのテーマを選ぶのが無難な選択である。三男ひろくんのテーマは「アサガオの観察」にすることにした。小学一年生には定番中の定番である。しかもアサガオとなると時期を逸してはいけない。次男に続いて、三男もとりあえずゴールデンウィークにスタートさせることにした。

「アサガオのかんさつ、学校でやってるで。」

ひろくんは小学校に上がり、学校で植木鉢を一人一つ与えられてアサガオの種を蒔いていた。でもそれを無視して、家でもアサガオの種を蒔くことにした。そして、お母さんは考えた。

「アサガオに光を当て続けたら育つのだろうか育たないのだろうか。」

アサガオの観察という定番のテーマを扱うことにしたのは良いが、成長を見ながら観察記録をつけるだけでは金紙なんてとてもねらえないのはわかっている。そこでまずは両親の作戦会議となったわけだが、

「さあ、どうやろ。」

と、あまり気のない返事をする私に、妻はむっとしたようすだった。

「光を当て続けるにはどうしたらいいやろか。」

「玄関へ入れて電気を付けといたらええんとちゃう?」

「成長に違いがでるやろか。」

「やってみんとわからんしなあ。まあ、あかんかったらアサガオの観察で提出しといたらええんとちゃう?」

「どうやって成長を見たらいいかな?」

「さあ。」

「葉っぱの数を数えたらどうやろ。」

「ええんとちゃう。数かぞえるだけなら、小学一年生でもできるやろし。」

私にとっては五月のスタートが心に余裕を持たせてしまい、あまり親身に考えられなかったことは反省である。

ゴールデンウィークの真ん中、五月二日にアサガオの種を蒔いた。大きな植木鉢を用意して、ひろくんには、もちろん三日月型で茶色の種のようすを観察させながら、自分で一粒ずつ丁寧に蒔かせた。じょうろで毎日水やりをすることも約束した。

ゴールデンウィークの終盤、五月七日の朝、芽が出ていることに気づいた。私は焦った。

「ひろくん、芽が出てるぞ。早く観察せな。」

「えっ、ほんと。やったあ。」

ひろくんは手ぶらで飛び出してきた。

「鉛筆とノートは？」

「何するの？」

「スケッチやろ、絵を描かんとあかんやろ。」

「……」

お母さんが助け船を出した。

「二階に自由帳の使っていないのがあったでしょう。」

ひろくんが自由帳を探している間に、私はあわてて記録用紙を準備した。スケッチをするための枠を書き、その下に日付と曜日と天気、そして気がついたことを少し記録しておけるように五行の横線を引いた。

「ひろくん、記録用紙作ってあげたで。」

まだ、二階で不満げにがたがたしていたひろくんは、あわてて降りてきた。

「ありがとう、お父さん。」

父親の権威を保つことができた。

一方で、私と妻は研究の内容を考えるために、図書館へ行き、アサガオのことが書かれた本を十冊借りてきた。一人五冊までなので、十冊。とにかく片っ端から借りてきた。

「ひろくん、アサガオってね、双葉が開く頃になると軸の色で咲く花の色がわかるんだって。」

妻が話を向けた。ひろくんは、

「へえ～。」

と、あまり興味がそそられなかったが、

「ひろくんも花の色が当てられるか挑戦する？」

と、好奇心をかきたてられ、

「うん。する、する。」

しめしめ、まんまと作戦に乗ってきた。あとは芋蔓である。

「アサガオのつるの巻き方って、決まってるんだって。」

「つぼみのねじれ方っていうのも決まっているらしいぞ。」

とにかく、ひろくんそっちのけで、夫婦の会話がはずんでいった。

アサガオの観察

ひろくんは学校から帰るとアサガオの観察が日課となった。というものの記録紙はお母さんが言わないとなかなか書かない。なぜなら、上の兄はまだ自由研究に取りかかっていないからだ。最初は兄に勝っているようでうれしかったものの、自分だけ居残り勉強をさせられているようで少し気が重かった。それでもお母さんに言われて記録を始めた。

五月二十一日、本葉が出てきた。「じくのいろでうえかえたよ。ふたばはかみみたいでつるつる、ほんばはけがはえている。ひとつのはちに三ぼんうえ

すくすくそだっています

た。ささえぼうもたてた。なふだもつけた。」予想した色は赤、白、紫の三色。

「お母さん、へなへなになってきたで。」

妻は色が当たるかどうかを証拠に残そうと、アサガオの苗を新聞紙の上にならべて写真を撮っていた。ひろくんの色当てが手間取ったこともあり、根についた土が乾いて葉っぱが萎《しお》れてきた。

「大丈夫、大丈夫！」

お母さんとしては妙な自信があって、植え替えは完了。明くる日には苗は元通り元気になっていた。

六月十二日、本葉が五枚になって、双葉が枯れてなくなった。「ほんばのかたちをよくみてみると、一まいめはまるかったところが、二まいめ、三まいめとそだっていくうちに、さきのほうがとんがってきているのがわかりました。おとなになっているのかな。」

六月二十五日、同じくらいの大きさに育った植木鉢を選んで、片方のグループは「ねる」という名前をつけてそのまま外で育てた。もう片方のグループは「ねない」という名前にして、暗くなる前に家の玄関の中に移動し、朝まで電気を付けっぱなしにして、アサガオが寝ないようにして育て、朝になったら元の場所に戻すことにした。

七月二日、「はっぱ一まいにつぼみが一つずつついている。」台風が来そうなので避難。

七月四日、花が咲いた。白と予想していた鉢で咲いたのは赤い花でした。予想は外れ。残念。

七月十三日、「ねない」の花が咲かなくなった。

七月十七日、葉っぱもつぼみも「ねる」方が多い。花は「ねる」方がいっぱい咲いた。

七月二十日、「ねない」のグループも寝かせることにした。「花はまた咲くかなあ。」

七月二十四日、「ねない」につぼみができた。種が大きくなってきた。

七月三十一日、「ねない」の紫がまた咲くようになった。

八月九日、種の袋が割れそう。

八月二十三日、「ねる」の葉っぱが増えていた。「ねない」の葉っぱも少し増えていた。つぼみもあるが、花の数は減ってきた。

ひろくんは葉っぱが出始めた六月二十五日から葉っぱの数を数え始めた。「ねる」と「ねない」のそれぞれに、「あか」「しろ」「むらさき」で計六つの鉢に三本ずつの苗を植えていた。そのアサガオの葉っぱと花の数をすべて数えた。数え始めたときに、一つの苗に四~五枚だった葉が最多で六十枚になった。大人でもその葉っぱの数を数えるのは億劫だったが、ひろくんは難なく数えた。もちろんおよそであることは私にもわかる。でも一枚や二枚間違っていても良いではないか、と思わせるほど、ひろくんは手際よく葉っぱを数えていった。

研究としては親が数える方が正確であることは間違いないが、子供が数えることに意義があるというものだ。その親の思いにひろくんはよくついてきてくれた。すごい小学一年生である。おかげで葉っぱの枚数は明るいところで育てた期間に若干減って、もとにもどしたところでやや持ち直したものの、結局外で育てたものに大きく引き離された。ちょっと親が手をかしてグラフに表した。見事に思惑どおりの結果になった。そして、自由研究の副題が決まった。「ねるこはそだつのか？」

考察。「あさがおは、『ねるこはそだつ』だった。どうして『ねる』こはそだつのか、かんがえてみた。ひとつめは、せんせいにおしえてもらったんだけど、あさひがえいようになっているんだって。『ねない』はそとにだすとき、たいようがもうたかくのぼっていたので、あさひのひかりをあびていなかったから。ふたつめは、ほんにのっていたんだけれど、いきものには『たいないどけい』というのがあって、ねたり、おきたり、おなかがすいたり、からだがおおきくなったり、などのくりかえしはからだのなかのとけいがリズムをつくっているんだって。ぼくもきまったじかんにねて、おきて、ごはんをたべて、がっこうにでかけているときはげんきなのに、やすみのひに、まえのひよふかしをして、あさおきるのがおそくなったりすると、いちにちじゅうぼーっとしてしまう。これはたいないどけいのリズムがくるってしまったせいだ。あさがおをねないようにしてしまうと、つぼみをつくったり、はっぱをつくったりするのが、『あれ？　いつなんだろう』とわからなくなってしまってはたらきをとめてしまったせいかもしれない。ぼくはおおきくなりたいので、ちゃんとはやくねて、きそくただしいせいかつをしないといけないなとおもいました。」

花の色の予想は思うようにはいかなかったけれど、親子の問題意識と子供の努力が見事にマッチングした研究となり、ひろくんは初出品にして初金紙。そして、県の冊子にも載せてもらえることとなった。

これまた後日談になるが、私たち夫婦の恩師は当時和歌山市内の理科教育を束ねる立場にあった。その先生によると、ひろくんの「アサガオの観察」は非常によくまとまっていて、県内でトップの作品であったと褒めていただいた。理由をじっくり聞かせてもらったわけではないが、自分の生活習慣から発現する問題意識が見事に研究テーマとして再現され、しかも葉っぱの数を数えるという単純にして根気のいる作業を継続的に行ったという努力が認められ、そしてグラフに表現することで、誰の目にも明らかにその結果が認知できるという、極めて小学生らしい作品に仕上がっていたと自負している。

13

ホテイアオイの研究

まあくん中学二年生

まあくんは中学二年生で、最後の作品は「ホテイアオイの研究」に決めた。決めたのは妻である。図書館でいろいろと本を探しているうちにホテイアオイの本を見つけたのがきっかけだった。まあくんの学校では、夏休みには学校からの推薦で希望者に海外でのホームステイを体験させてもらえるイベントが控えていた。本人にしてみれば夏休みの宿題を片付けられる見込みがなければ海外ホームステイを親にねだることはできない。ここは親の提案に従っておく方が得策と考えたのであろうか。とにかく自由研究のテーマはすんなりと決まった。

「お父さん、ホテイアオイ、買いにいこか。」

妻が早速行動に出たのはゴールデンウィークの終盤、五月四日のことだった。午前中、三月から始めたともくんの自由研究に付き合って街路樹の調査をしてきたが、昼ご飯のソーメンを食べながら妻の放った一言がこれ。ひろくんの自由研究も無事アサガオの種蒔きを終え、次はやっとまあくんの自由研究のスタートである。ところが、「やっと」と言ってもまだゴールデンウィークである。夏休みまでまだ二カ月以上あるのに、何が何でも三つの自由研究を仕上げなければいけないという執念が私と妻を動かした。とは言ってもゴールデンウィーク中、まあくんはクラブ活動の真っ最中である。仕方がなく私たち二人きりで家庭用の草木を扱っているホームセンターへと向かった。そこにはまだ親指ほどの小さなホテイアオイがたらいのような入れ物の中に水を張って浮かんでいた。

「ホテイアオイ二十株ください。」

「あれ、二十株もあるかな？」

「じゃあ、これ全部ください。」

全部で十六株を購入した。もちろんプラスチック製の大きな衣装ケースを併せて購入した。

夕方、まあくんがクラブ活動から帰って来るのを待って、自由研究の準備をすることにした。

「まあくん！　ホテイアオイを買ってきてあげたで。」

「えっ⁉　紀の川へ探しにいくのと違うの？」

確かに先日、まあくんと自由研究のテーマをホテイアオイにしようと決めたとき、紀の川にホテイアオイが繁殖している話をした。話はしたが、実は気になって妻と二人でこっそり見に行った。「ない！」ホテイアオイがない。おそらくはまだ繁殖していないだけかも知れない。水草はあるから、きっとこれから繁殖し始めるだろう。貴志川や平池も見てきた。海南の亀池へも行ってみた。でもなかった。テーマを決めた時にはあちらこちらで見たと記憶していた。ところが、である。自然の水面に浮かんでいるのは菱の葉であった。「やばい！」と思って、とりあえず研究材料を確保することにしたのである。

「紀の川へは行くよ。でも家で観察する分もいるやろ。」

野外調査好きのまあくんは不満そうだった。「紀の川へ取りに行くって言ってたやろ。」と言いたげ

にむすっとした顔をしたが、

「ふ〜ん。」

と言ったきり、家の中へ入ってしまった。

「おい、スケッチぐらいしときな！」

　無理矢理連れ戻して、絵を描かせた。ホテイアオイは衣装ケースに水をはり、水面を八マスに区切ってそれぞれに一株ずつを浮かせて育てることにした。

　ホテイアオイを使って何をするか、それが問題である。①ホテイアオイについて、本などで事前調査する。②ホテイアオイの体のつくりを観察し、それぞれの部位の形がどういう働きをしているのかを確かめる。③ホテイアオイがどのように増えていくかを観察する。④一株のホテイアオイがどのように増えていくかを観察する。

　ホテイアオイの葉の付け根のふくらみ（浮器）は、二本の指で押さえると簡単にへこんでしまうようなものだが、これはどのような働きをしているのだろうか、予想を立てた。一つ目の予想として、ホテイアオイが浮いていられるように浮き袋の働きをしている。二つ目はふくらんでいるだけで、特別な働きはしていない。三つ目は葉が光合成に必要な日光をキャッチしやすいように葉を支える働きをしている。

　さて、三つ目の予想どおり光合成に関係しているのなら、日陰で育てたものは日向で育てたものより日光が当たりにくいから葉全体を伸ばして、より多くの日光を浴びようと形を変えてくるであろう。また、株が増えて葉と葉が重なり合うようになれば、葉全体が伸びてくるであろうと考えた。こ

図②−1

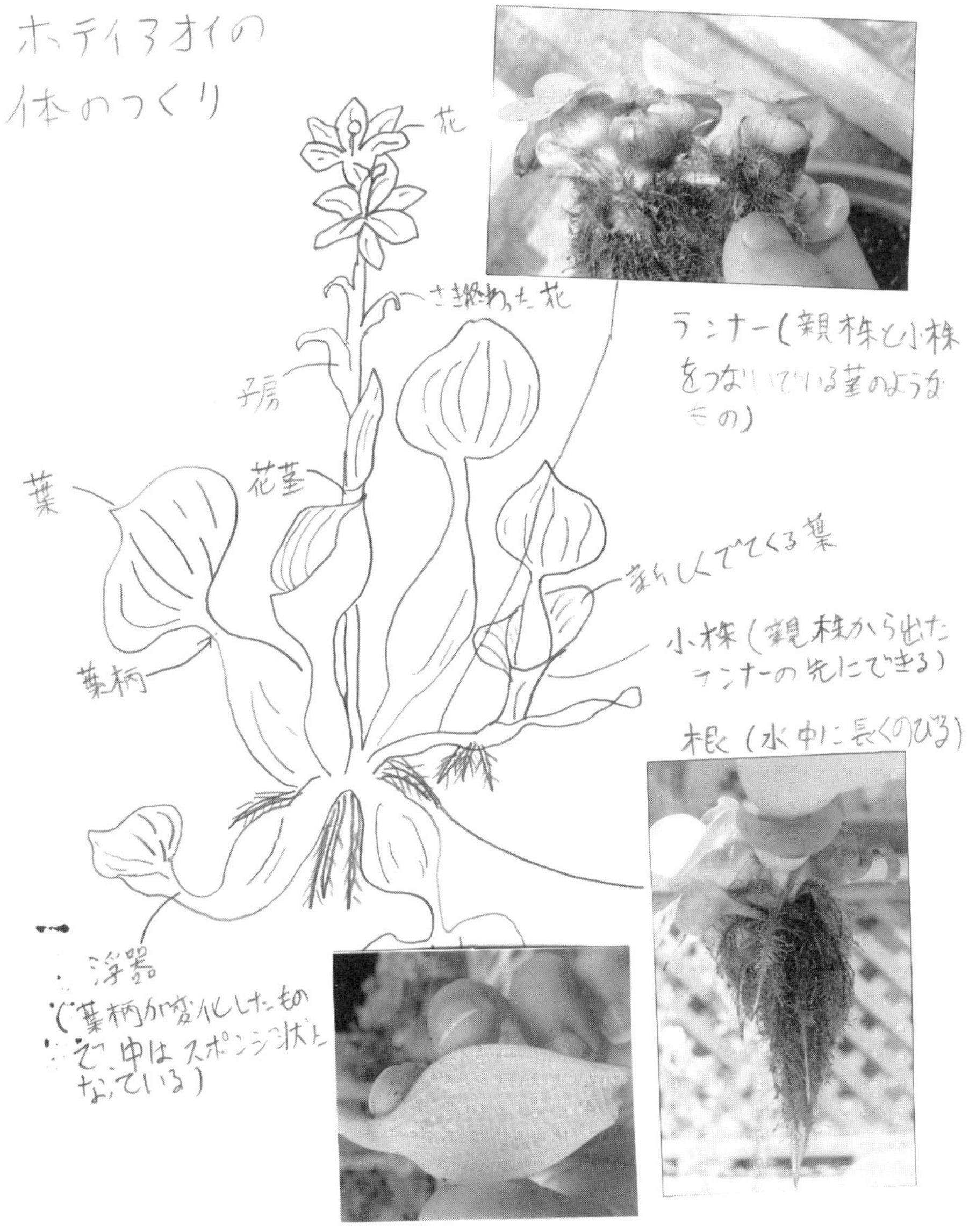
ホテイアオイの体のつくり
花
さき終わった花
子房
花茎
葉
葉柄
ランナー（親株と小株をつないでいる茎のようなもの）
新しくでてくる葉
小株（親株から出たランナーの先にできる）
根（水中に長くのびる）
浮器（葉柄が変化したもので、中はスポンジ状となっている）

れらを確かめるために、三つの株は日向で株が重ならないように余裕をもって育て（ばらばらとネーミングした）、別の三つの株は小さなプラスチック容器に寄せ集めて混み合った状態で育て（密集とネーミングした）、そして二株を日陰で育てて、それぞれの生育状態を比較することにした。日陰を二株にしたのは、全部で十六株しか購入できなかったためである。

まあくんには半ば強引にスケッチをさせ、浮器や葉の長さや幅を測って記録させたが、思わぬ成果が得られることになった。まあくんは六月、七月、八月とだんだん暑くなる中で、汗をかきながらスケッチを続けることになった。ときどき「う～ん、もう～。」と訳のわからぬうなり声をあげながら、それでも続けた。一、二週間に一回、計九日にわたり、八マスに育っていくホテイアオイをスケッチし続けた。そして書き上げたスケッチの数がなんと九十五枚。数だけではない。スケッチというのは絵画とは違う。対象物の特徴を正確に表現する必要がある。その意味でも中学生としては非常にすばらしいスケッチをしてくれた。親としては全く頭の下がる思いで、心の中で拍手を送った。

結果。文献で調べたところでは、原産地、日本への侵入年代や経路のほか、生態的特徴、影響と対策、遺伝的特性、日本での分布、さらにホテイアオイという名前の由来、水質浄化への利用、日陰で育てたホテイアオイの浮器が細長くなったり、田の土へ植えたホテイアオイで丸い浮器ができることなどがわかった。文献調査と比較しながら実物の体のつくりを観察することも重要な研究内容となる。

ホテイアオイの増え方を観察しながら、株の大きさを縦×横の長方形の面積に置き換えて計算した。すると、五月八日に観察を始めて、八月九日には八マスすべての株が増えていることがわかった。次に、葉の長さと幅、浮器の長さと幅を生育条件ごとに、一株について一枚の葉を選んでその平均を計算した。それをグラフにしてみると、どの値についても六月に測ったときよりも八月の方が小さくなっているのに、密集の場合の浮器の長さだけが伸びていることがわかった。ホテイアオイの葉柄のふくらみは、確かに本などで調べたとおり、光合成を行うために少しでも多くの光を浴びるように葉を支えている働きをしていることがわかった。しかし、密集してふくらみが細くなって、その株だけを取り出してみれば自分の体を支えきれないように倒れてしまうが、お互いを支え合って浮かんでいるので、浮き袋としての役割もちゃんと果たしていることがわかった。

考察。「ホテイアオイは丈夫な植物で病気や虫食いにも強いと本には書かれていたが、実際に育てていると周りの方から葉っぱが茶色く変色して枯れてきて、元気がなくなってきた。水が流れていないせいかと考えて、きれいな水をつぎ足した。また、七月二十八日に植物活力剤を少し与えた。本によれば八月ごろに大繁殖すると書いていたのに、僕の育てたホテイアオイはホームセンターで購入したときよりは株の量（面積）は五倍以上に増えたけれど大繁殖とはいかなかった。自然のホテイアオイと僕のホテイアオイ、いったいどんな違いがあったのだろう。」

考察なのだから、自分の考えたことを書き留めることは大切である。多分に親の入れ知恵があることは否定できないが、「僕はこう考えた。気温、水温の変化の違いである。自然界では水温は気温に比べて熱しにくく冷めにくい性質があるために、一日の温度変化を考えると、自然のホテイアオイが生息する環境は水温の変化が比較的小さいと考えられるが、僕の育てたホテイアオイの容器に入っている水の量は約五十リットル程度なので、夏になって昼と夜の水温の変化がかなり大きくなっていたのである。その上、藻が大量に発生してきたため、水を換えるつもりで冷たい水道水を容器に注いでしまったため、低温に弱いホテイアオイにストレスを与えてしまったのかも知れない。その証拠に、日陰で育てるため、二十リットルほどのバケツに入れたホテイアオイが比較的元気よく育ったのは、直射日光にさらされて日中急激に水温が上がったりすることなく、水道水をつぎ足す頻度も少なかったため水温の変化が日向で育てたものより小さかったからと解釈できる。」

後から見れば堂々巡りの説明だが、中学生だから許されるのか。「もう一つは栄養の少なさである。一度液体肥料を与えたが、同じ容器内にいた小魚に影響を及ぼすといけないと思ったので、それ以降は肥料をやらなかった。ほぼ水道水だけの環境だったため、自然界の水辺のような植物の生育に必要な栄養素が足りなかった。水草は光合成と水だけでは成長しないのかも知れない。こんな周りの変化に成長が左右されるとは意外だった。」

小魚はまあくんが捕ってきたものではない。知らぬ間に入り込んでいた。ということは購入したホテイアオイに卵が産み付けられていたのだろう。身元不明の間借魚であるが、これも何かの縁と、スケッチに飽きたまあくんが時々藁しべの先で小魚をつっつきに行く姿が微笑ましかった。

自由研究の締めとしては、小学校から続けているテーマを披露しておく必要があると考えた。「自然のホテイアオイを探して、夏休みに入ってから何度か川や池を見て回ったのだが、今年はホテイアオイの群生を見つけることはできなかった。ホテイアオイらしきものを見つけて近づいてみると、それはヒシという水草の群生だった。ヒシはホテイアオイと同じ浮遊（浮葉）植物の仲間で、ホテイアオイとよく似たふくらみのある葉柄がある。ヒシの葉は水面に浮かんでいるが密集してくると空中に葉を立てる。その状態が、遠くから見るとホテイアオイの群生と見間違えるのである。その付近を調べるとヒシに混ざってホテイアオイが顔をのぞかせていた。」自分が住んでいる地域の探検と発見である。

もう一つのテーマがある。「自然のホテイアオイと僕の育てたホテイアオイの大きさの違いにびっくりしてしまった。これが同じ種類のものなのか疑うほどだ。生き物はそれが育つ環境によって、こんなに違いが出てくるものか。ホテイアオイを水質浄化に利用する研究も進められているらしいが、ホテイアオイが枯れてしまうとただのゴミになってしまうため、それを水から引き上げないと逆に水質を悪化させてしまう。この引き上げ作業にコストがかかりすぎるため、なかなか実用化に踏み切れないようだ。また、ホテイアオイを原料にした焼酎を造っているところもあるらしく、家畜の肥料にすることも含め、この大量繁殖するホテイアオイと人間がうまく共生できる方法を考えていかなくてはならない。僕は昨年、家の近所を流れる大門川の生物調査を行った。その時調査した川のいくつかのポイントで見られた生き物たちは食う食われるの関係ができていて、水草なども魚のすみかや隠れ家になったり、卵を産み付けたり、また、その根を餌として生活する様子が観察できた。今回のホテイアオイもそういった関係でほかの生き物たちと共に生きているに違いない。安易に人間の都合だけでこういった環境を壊さないように配慮すべきであろう。」環境問題への関わりも継続するテーマの一つであり、指導者としての先生から評価されたところである。

まあくんは最後の自由研究を金紙で締めくくることができた。一安心である。

14

サクラの開花予想

ともくん小学五年生

春は桜。小さい頃から父に連れられ花見に行った。別に花が見たいわけではなかったけれど、大人たちが木の下で宴会をしている間、河原で追いかけっこをしながら転げ回ったり、根来寺の境内でちょっとした探検気分を味わいながらかくれんぼをするのは楽しかった。就職すると、若い頃は昼間から休みをあげてお城の広場にシートを広げて場所取りをすることが年中行事となっていた。日本人にとって桜は社会生活になくてはならないツールの一つである。

ともくんが小学四年生の二月に一冊の本を借りてきた。『どうしてわかるの?サクラが咲く日』という桜に関する本であった。その本には桜の開花予想の仕方やどのくらいで桜の開花宣言をするのか、などの解説がわかりやすく載っていた。毎年必ず見る桜の花だけれど、結構知らないことが多い。私は勝負をかけることにした。

次男というのは巡り合わせが悪いというか、運がないというか、頑張っている割には目立たず評価されないことが多い。小学校に上がる時もそうであった。長男と同じ小学校を目指して受験したが抽選にはずれ、親ばかにも同世代の他の子供たちよりは頭が良いのではと思って私立も受験したのだが、親子面接でたったの一言もしゃべってくれずに撃沈した。遠足と言えば雨、運動会も雨の中校長先生の話を長々と聞かされ、校外学習では同じ計画が雨のために三回もキャンセルになったことがあった。自由研究でも長男が思いつきで取り組んでいるのに対し、低学年のころから植物をテーマにこつこつと取り組んでいる。そのくせ長男と三男は過去に県展の中でも優秀作品に認められ、県の冊子に掲載してもらっているのに、次男はそれがない。「よし！　起死回生の勝負に打ってでるぞ。」とばかりに、駄目もとで桜の開花予想に挑戦することにした。

三月二日、新聞に「サクラ早め開花」という記事が掲載された。あわてて桜の観察を開始した。近所の公園にある桜の木でとりあえず三つの芽を選んで大きさを測らせることにした。三つの芽のスケッチをして、縦と横の長さを測って記録し、芽や木のようすを書き留めるような記録紙を作って、ともくんに与えた。

開花予想の方法は次のとおりである。

気象庁が実施する開花予想は全国に標本木というものを決めて行っている。和歌山市の標本木は紀三井寺の桜の木で、今ではコンピュータを使って開花予想をしているが、元々の目安としては、標本木でつぼみ十個の重さを量り、〇・七グラムになると二週間後、一グラムになると十日後、二グラムになると数日後に開花するらしい。開花宣言は標本木に五、六輪咲いたとき、満開とは木の八割の花が咲いたときを言うそうだ。

この基礎知識から開花予想の方法を考えた。

実際に公園の木で開花予想をするときに、毎日つぼみを摘み取ってくることはできないので、つぼみの大きさから推定することにした。もちろん多分に親の入れ知恵である。その具体的な方法とは、

①毎日、ノギスでつぼみの縦と横と幅の長さを測る。ノギスは百円均一ショップで購入したおもちゃのノギスだが、自由研究には十分な精度である。②縦×横×幅を計算し、グラフに記録していく。つぼみそのものの大きさではないけれど、大きさと相関のでる値であることは容易に想像がつくし、ひいては重さとも相関がでるものと考えた。小学五年生のともくんには、「つぼみがぴったし入る小さな箱を作るんだと思え。」と強引に理解させた。③つぼみの大きさが四日前の七分の十倍以上になっていたら十日後に開花すると予想し、「第一予想」とする。「第一予想」の後、天候不順などでつぼみがしぼんだりした場合は、もう一度第一予想のとおりに予想を行い、「第一予想修正」とした。③の予想を行った日か、一週間ぐらい前の日の大きさと比べて二倍以上になっていたら、三日後に開花すると予想し、「第二予想」とする。つまり、気象庁の開花予想は標本木が開花宣言する日を予想するものだけれど、今回の自由研究ではまさに大きさを測っているつぼみがいつ開花するかを予想しようとしたのである。というわけで、ともくんは三月二日から毎日つぼみの大きさを測り、記録していくことになった。併せて芽の成長のようすや木全体のようすなども観察し、「サクラの観察日記」に記録した。この記録は花が散った四月十日までは毎日、その後も、途中、とびとびではあるけれど、七月二十一日まで続け、その記録紙の枚数は五十四枚となった。まあくんほどの上手なスケッチではないけれども、親としては拍手、拍手。

ともくんが最初に描いたスケッチは枝振りを描いたものだった。

「調べるのは芽なんだから、芽をしっかり描かんとあかんぞ。」

「芽って小さいで。」

「そや、その小さい芽をしっかり見て描くんや。」

二日目にともくんが描いてきたのは、ボールとタケノコの絵だった。

「こんなタケノコみたいな芽はあるか。」

「あったもん！」

「ほんまか？　明日一緒に見たげるわ。」

明くる日、私はともくんと一緒に、桜の花の芽を見に行った。ともくんが選んだ三つの芽を確認した。スケッチをするのに、枝の下の方の芽ばかり選んでいるのかと思いきや、滑り台の上に上がって、そこから手が届くほどに伸びた枝の芽も一つ選んでいた。問題のタケノコだが、確かに枝にタケノコが張り付いていた。

「おお、ほんまにタケノコやな。」

「そうやろ。」

「わかったから、しっかりスケッチ続けな。」

バツが悪い私は、ともくんに任せてしまった。

もうすぐ小学五年生の男の子が滑り台の上に座り込んで、桜の「芽」のスケッチを続けている姿を想像してほしい。滑り台を使いたい近所の幼稚園児には何とも怪しげで近寄りがたい。しかし、大人からみれば、その毎日の取り組みにほほえましさを感じるものだ。

それはさておき、ノギスによる計測はうまくいくだろうか、勝負をかけた親としては心配である。ともくんは最初ミリ単位の目盛りを読むのが精一杯であった。ところが芽の大きさはせいぜい十ミリの大きさなので、ミリ単位で読んでいても変化がない。それどころか、体積にしてグラフに落としてみるとものすごくどかすかがあり、とても予想なんてできるような値ではなかった。そこで、測り方を練習して、一週間後には十分の一ミリまで読みとることができるようになった。そして、三月八日に一つ目の芽の第一予想を行い、三月十八日に開花すると予想した。この芽はさらに三月十三日に第一予想修正を行った。一つ一つのつぼみは少し気温が下がるとぎゅっと縮んでしまうようだ。明くる日雪が降って、またつぼみがしぼんだりして、予想がはずれないか心配だった。三月二十三日に第二予想、三日後の三月二十六日に開花すると予想をしたが、結局開花したのは四月二日であった。二つ目の芽は三月十七日に第一予想、三月二十三日に第一予想修正を行ったが、明くる二十四日、他の芽では先が赤くなっているのに比べ、この芽は先が白いことに気がついた。いやな予感がしたが、不安は的中。四月二日に、先に緑の葉が見えてきて、タケノコ型の芽は葉っぱの芽であることが確認された。三つ目の芽は、三月十八日に第一予想、二十一日に第一予想修正で三月三十一日に開花すると予想した。二十四日に第二予想を行ったものの、結果三月三十日に大きく成長し開花寸前を確認した。ところが、明くる日の三十一日、何者かに芽が摘み取られていた。予想としてはほぼ当たりだと思えるのだが、非常に残念な結果である。

気象庁の開花予想は三月十六日に発表され、和歌山市は三月二十三日ということであった。その後、和歌山市の開花宣言が出されたのが三月二十五日、翌日の新聞に掲載されていた。

「紀三井寺へ行くぞ！」

私は、夕方、妻とともくんとひろくんを連れて、紀三井寺へ出かけた。開花した状態の標本木を見ておくべきだと思ったからである。

紀三井寺の駐車場についたのは午後四時三十分を少し過ぎた頃であった。

「この駐車場は五時に閉まりますので。」

「はい、標本木を見るだけなので、すぐに戻ります。」

「上るだけで十分ぐらいかかりますよ。」

「はい。」

駐車場の受付での係りの人との会話であるが、この程度でやめておいて欲しかった。

「五時までに戻ってこられますか？」

「大丈夫です。」

「では、そちらへ止めておいて下さい。」

といって、駐車場の入り口ゲートからはずれたスペースへ案内された。受付の人とこんな会話があること自体、少しむかっときた。

「私、乗って待ってるから、子供たちと見てきて。」

結局、人質を残した体で、私は子供たちを山内へ連れて行った。大抵の観光客は標本木だけを見に来ることはないだろうから、もうすぐ担当時間が終わりとなる係りの人の気持ちとしては仕方ない面もあるか、と思い直したものの、もう少し観光客にやさしくなれないものかと市民の一人として悲しかった。

とはいうものの、目的を達成しなければいけない。親子三人が駆け足で山を登り、今日、新聞に

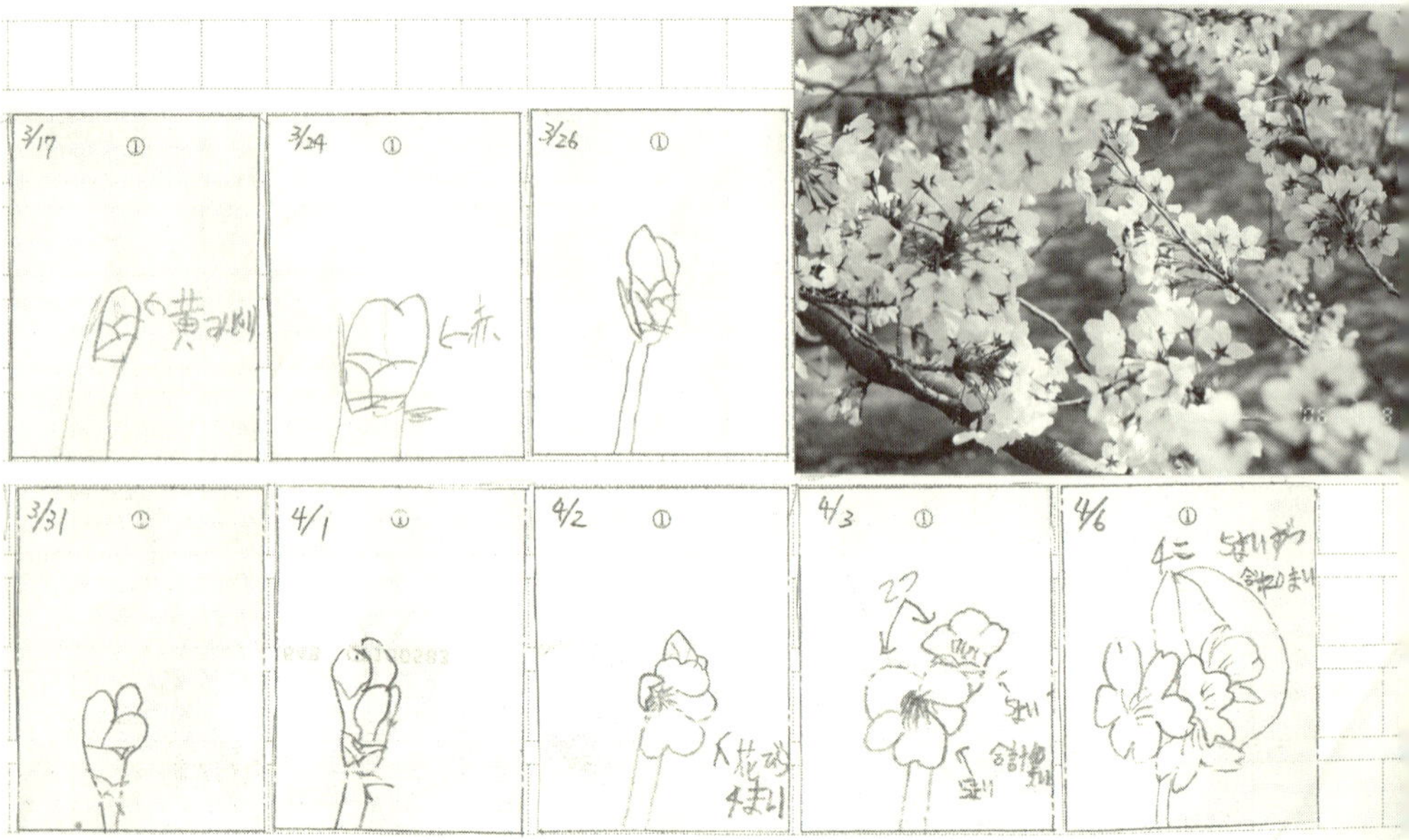

サクラのつぼみから開花へ

載っていた標本木を探した。木は本殿の前にあり、すぐ見つかったので、急いで写真を撮った。確かに花が十個ほど咲いているのを確認し、急いで今来た山道を下った。駐車場についたら四時五十分。

「お母さん、お待たせ。」

と言って、さっさと車を走らせた。これもある意味社会勉強というべきか、自由研究の副教材ということにしておこう。

さて、近所の公園の桜であるが、毎日観察していると、いろいろな発見がある。その一つが、一つの芽から四つの花が咲くことだ。

「丸い緑色のつぼみはキャベツのように緑色の皮をかぶっている。三月の中頃になると、緑色の皮の先が黄色っぽくなってきた。さらに先端が赤くなってきた。赤いところが伸びてきて、よく見ると四つにわれていた。最初は桜の花びらは四枚かと思っていたが、実はこの一つ一つが花だった。つぼみの赤いところはどんどん伸び、花が咲くときは一日でいっきに開いた。しかも、茎を伸ばして、花びらのぼんぼりのようです。」

三月二十七日、調査している木で花が八輪咲いたので、「開花宣言」した。

次の日から花の数を数えた。二十八日、四十五。二十九日、九十六。三十日、百一。三十一日、百三十八。四月一日、百五十七。しかし、数えられるのもここまで。あとはあまりに花の数が多いので、一枝に咲いた花の数を数え、それに枝の数をかけて、おおよその数をだした。

花は下の枝から咲いていくようだ。満開というのは全体の八割が咲いていることなので、四月六日が満開のようだ。そして、四月十日には強い風が吹いて、かなり花が散ってしまった。「まず花びらがちって、茎と花のしんが残っていました。一週間ぐらいして、その茎も落ちてしまいました。サクランボのようなものもできていて、それはずっと残っていました。」

花の構造も観察した。「おしべの数は十八本でした。めしべはおしべよりせが低く、花のつけねのところに黒いかたまりがすけて見えている。これがサクランボのような実になるところのようです。」

葉の観察もした。「ぼくが観察していた芽は四月一日に先が緑色になってきたのに気づいて葉の芽だとわかりました。四月三日には葉の先が出てきて、五枚の葉が数えられました。」続けて葉っぱを観察していると、「花と同じで、芽が増えるのではなく、一つの芽から七〜八枚の葉が出てくることがわかりました。しかも、葉っぱの数が増えるというより、数は変わらないけれど、どんどん成長して茂ってくることもわかりました。」

考察の最後は、「今回の観察では、つぼみや葉の芽の数や大きさの変化を調べました。でもそれを調べているうちに、花や葉の形に、いろいろな特ちょうを見つけました。この形の特ちょうはどんな意味をもっているのか、十分に調べることができなかったので、さらに詳しく調べてみたくなりました。これからも植物の体のつくりや役割について調べていきたいと思います。」

次につなげていくことが、自由研究では最も大切な要素の一つである。

金紙獲得。でも県の中での優秀作品には届かなかった。

15 トリはどこで何するの？ ひろくん小学二年生

自由研究に春から取りかかることも当然の年中行事となっていた。

テーマを桜にしたともくんに負けじと、小学一年生で県の中でも最優秀の作品を作ってしまったひろくんの二つ目の作品は鳥の観察をすることにした。まあくんの時に家の周りを観察し、たくさんの生き物がいることを知った。その時に鳥たちも色々な種類が各所で見られることも知った。そして、糸の切れた凧のようなひろくんを鳥と重ね合わせて、テーマを「鳥」に決めた。

鳥はどこにでも飛んでいけるので、どこかに行ってしまうことができるだろうに、毎日ほとんど決まったところで当然のごとく観察できる。一見糸の切れた凧のようであっても事故なく家に帰ってきて欲しいと考えるのが親心というものか。

小学一年生の夏休み直前、ひろくんがとんでもない騒動を巻き起こしたのを思い出した。小学校では夏休み直前の日曜日には夏祭りを開催することになっている。前日の土曜日はその準備のために登校日となっていた。ひろくんはバスで三十分かけて学校へ通っていたが、この日、一年生のひろくんはお昼で帰ってくる予定であった。普通なら十二時半ごろまでには帰ってくるはずだった。ところが一時になっても帰ってこない。

「遅いね。」

妻が心配してそわそわとし始めた。

「どうする？　先にお昼にする？」

本当はお昼の心配どころではない気分であるが、敢えて普通に聞いてきたので、

「そのうち帰って来るやろ。先に食べ始めるか。」

といって、夫婦二人とまあくん、ともくん四人の昼ご飯となった。夫婦は何気なしに食べるのがゆっくりとなったが、それでも食べ終わるまでにひろくんは帰って来なかった。そして、既に二時をまわったところで、妻が耐えられなくなった。

「お父さん、学校へ電話してみてよ。何かあって遅くなっているのかも知れないし。」

ということで学校へ連絡を取ってみた。すると学校の先生からは残念な答えが返ってきた。やはり、学校は予定通りに終業し、子供たちは時間通りに帰ったというのである。

「お父さん、一度学校に来ていただいて、状況を教えてもらえませんか。私どもも周辺を探してみますので。」

学校としてははっきりとは言わないものの、事件、事故両面に対応できるよう準備を始めてくれるというのである。夏祭りの準備に忙しいというのに、である。

おばあちゃんにとりあえずの状況を説明し、電話番をしてもらい、私と妻は学校に向かった。学校に着くと、三時前であった。すでに先生方は何組かに分かれてひろくんを探しに出かけてくれていた。校長室に通された私たちは状況も何も、ひろくんが帰ってこないことと、家から駅周辺までは探

したことを伝えた。あとはどうしようもない。先生方もバス停の近くのたばこ屋のおばさんに何か異変がなかったか確認してくれたようである。

しばらくして、教頭先生が校長室に駆け込んできた。

「ひろくん、見つかりました！」

「大丈夫ですか。」妻が叫んだ。

「大丈夫です。駅前の縁日でヨーヨー釣りを見ていたそうです。とにかく無事でよかった。」

私たちは思わず赤面してしまった。私たちは深々と頭を下げ、そそくさと帰宅した。すでに四時を回っていた。それにしても時間かかりすぎではないか。実はバスの来るのが遅かったので歩いてきたというのである。しかも、途中に大きなアリが歩いていたとか、街路樹にセミの抜け殻が付いていた、などと暢気なものである。駅前で無料でヨーヨー釣りを楽しんだ後、ヨーヨーを振り回しながら街路樹の枝をはう虫を眺めていたところ、先生に見つけられたそうである。

二度とこんなことのないように、「さっさと帰宅しなさい。」と指導したものの、こんな調子だからそれからも駅から家、バス停から学校の徒歩区間はぷらぷらとしたようすであった。とくに駅前の自転車置き場近くでは管理しているおばさんとはすっかり仲良しで、おやつをよばれるような時もあるぐらいであった。

ある日のこと、ひろくんは街路樹の木の枝に木くずがたまっているのを見つけた。近くの自転車置き場のおばさんに尋ねると、それが鳥の巣だとわかった。

ひろくんにとってはこれがきっかけだった。「トリのすがたは見えないけれど、ひょっとするとまたとんでくるかもしれないし、ほかにもトリのすがないかと思って、おにいちゃんといっしょにうちの近所でつぎのことをしらべてみることにしました。①トリのすがどこにあるかをさがす。②トリがたくさんいるところを見つける。③トリが何をしているかかんさつする。」

とにかく、自然への興味は人一倍あるようだが、一人で放したら何をしでかすかわからないので、ともくんを監視役として付けておくことにした。

まず、事前調査を行った。

三月二十一日、私はひろくんに声をかけた。

「ひろくん、自由研究行くか。」

「行く！」

「鳥の巣を見つけたところを教えてよ。」

「は～い。」

「ともくんもいくぞ！」

「え⁉」

とにかくひろくんを一人にさせるわけにはいかないので、常にともくんを巻き込んだ。カメラとノートと筆記具を持って、三人は自転車でスタートした。

「こっち、こっち。」

ひろくんは先頭をきって案内した。

駅前の駐輪場の前の木に、鳥の巣らしきものはあった。鳥の姿はなく、卵があるようすでもないので、古い巣の痕ではないかと思われた。

「ほうっ、確かに鳥の巣やな。」

「すごいやろ。」

「鳥、いてないやん。」

と、ともくんが不服気に言葉をはさんだ。

「まあいいやん。ひろくん、他に鳥の巣がないか探しに行くか。」

「どこ行く？」

「鳥のいそうなところはどこやろ？」

「駅前の道路の街路樹に鳥がいっぱい飛んでくるで。」

「そうやな、でも中央分離帯は危ないからやめとこう。それより、公園とかはどう？」

「は〜い、公園へ行こう。」

三人は続いて公園へ向かった。

公園には思わぬ鳥の巣があった。

「お父さん、あれ何？」

と、ひろくんに促されて、大きな楠の上の方を見上げると、針金ハンガーらしきものがつぶれて引っかかっていた。どうやら鳥の巣らしい。

「すごいもの見つけたな。ハンガーでできた鳥の巣やで。」

「わっ、すごい。鳥さん物干しからとってきたんかな？」

アオサギが屋根の上から見はり

「さあ、どうやろ。まあ、ここも観察場所にするか。」

「するする。」

その後、近くの他の公園、田んぼ、雑木林、寺、水路、川沿いの堤防など、鳥がいそうなところを回り、観察場所を決めた。

研究の方法としては次のとおりまとめた。事前調査では、①鳥のいそうなところを考え、②ルートを決めて回ってみて観察しながら、③鳥の巣がないか探した。④見かけた鳥については図鑑等で調べ、⑤本調査の方法を決めた。次に本調査であるが、①月に一回ぐらい事前調査で決めたルートを回り、②決めた場所で、見かけた鳥の数と何をしていたか、声の聞こえた鳥の数、事前調査で見つけた鳥の巣のようすなどを観察した。そして、③観察結果を基に鳥の観察マップを作り、④図鑑などを参考にしながら鳥が何をしようとしているのか考えてみた。

観察場所は十カ所に決めて、巡回のルートを固定した。巡回は月二回程度だが、午前の日は十一時ごろ、午後の日は四時ごろと時間帯を決めて回った。調査の時にはいつもカメラと記録用紙と筆記具を持って、鳥を見かけた時には私が写真を撮り、ひろくんは鳥を見かけた場所、鳥の種類と数を記録した。ともくんとひろくんの二人で回ったときも、鳥の数を記録するようにした。三月二十五日から八月十三日まで、午前六回、午後五回の、計十一回の調査を行った。今回の調査では、大門川でアオサギ、コサギ、水路でゴイサギ、田んぼでツバメ、ハクセキレイ、公園や家の近くでイソヒヨドリ、ムクドリ、スズメ、カラス、キジバト、ハトを見かけた。

ひろくんは観察場所で見つけたり、声を聞いた鳥の数やようすを表にまとめた。また、鳥を見つけた場所とそこでの鳥のようすを地図に書き込んで「鳥の観察マップ」を作った。よく鳥を見かけるところや、鳥たちの特徴的な行動が結構たくさん観察されたので、地図にはコメントがいっぱい貼られることになった。

鳥の種類によっても特徴が観察された。アオサギはいつも大門川の同じようなところで観察された。なわばりを守るために川の中に立っていたり、田んぼの中で餌を探したりしていた。飛び立つ時には、いったん羽の先を曲げてから羽ばたくこともわかった。ムクドリは田植え前には二羽の一対で行動していたのに、後は木の実や草むらにたくさん群がっていた。ツグミの仲間（あとでイソヒヨドリとわかった）は高いところできれいな声で鳴いていることが多い。たいてい一〜二羽で行動していた。

考察。「トリはどこにでもいるようで、いるところといないところがはっきりしていることがわかりました。とくにアオサギは、大門川のきまったところへ行けば、いつも見ることができたのにはおどろきました。小トリたちはいつもきまったところにいるわけではないこともわかりました。木にみがついているときにはよってくるけれど、そうでないとこなかったり、草むらにたくさんいるときもあれば、木のえだにむらがっている時もある。あとでしゃしんを見たらスズメやムクドリでした。木があってもトリがいるとはかぎらないこともわかりました。げん通寺の大イチョウでははっぱがしげってきたらトリがすみつくのかと思ったけれど、さいごまでトリはいませんでした。今回はひるまだけのちょうさだったので、きっとよるにはちがうところに行っていると思うし、そこにはたくさんのすがあるのだと思います。つぎにちょうさするときは、たとえば今回いつもおなじところで見つけたアオサギがよるにはどこへ行って、どんな一日をすごしているのかもたしかめたいと思います。」

鳥の行動まで観察し、また、次に向けての課題を整理したところに拍手。そして、金紙獲得。こつこつと調査に取り組むことができた、ということをステップにこれからは自分の力で大きく羽ばたいてほしいと願う親心であった。

第四章　地域ネタの発展と限界

16　野の花を探して歩こう　ともくん小学六年生

ともくん、小学六年生。昨年はすごく気合いを入れた。県の優秀作品をねらって、桜の開花予想をしたが、ねらい通りにはいかなかった。どうも親の目からは、研究の成果というよりは、地域性を踏まえた子供目線での発見と努力、そしてだれでも同じような取り組みをすることが可能で、先生方が指導者としてそのことを子供たちに指導しやすいこと、が選ばれる条件のように感じていた。「サクラの開花予想」では何が足りなかったのか。成果にこだわりすぎたのではないか。桜という題材がどうも大人向きの花ではないか。ノギスを使った計測が、しかも毎日の計測ということになると児童を指導していく手法としては難しいのか。そこで思い出した。まあくんの自由研究が優秀作品に選ばれたのは「家の近くにこんな生き物⁉」であった。同じことを植物でできないものだろうか。「植物で」というのは小学一年生から植物をテーマに取り組んできたともくんのこだわりである。「今回の研究では自然に育って花を咲かせている野の花に着目し、①身近なところにどのような野生の花が咲いているか、②それらの花は日がたつにつれてどのように変わるか、の二点について調べてみることにしました。そして、家のまわりにたくさんの種類の花がいっぱいあることがわかれば、実はぼくの住んでいる街を花いっぱいの街にできるのではないかと考えました。」ということで、研究を始めた。

今回の研究では花を探して記録していくことに徹した。

「ともくん、カメラの使い方はわかるか?」

今まで写真は私か妻が撮っていた。フィルムの時は無駄な写真は撮ってもらいたくなかったし、デジタルカメラになってからも無茶に使われて壊されたくなかったので、子供たちにはシャッターを押すぐらいしかさせたことがなかった。

「うん。わかるよ。」

「そしたら、花を見つけたら写真を撮っておきな。でもスケッチもちゃんとするんやで。」

「うん。わかった。」

ともくんは、言われたことは淡々とこなしていくタイプである。

例のごとく、まず記録紙を作った。一枚の用紙に日、場所、花の形などを記録するようにした。そして、三月十一日と十七日、ともくんと一緒に家の近所を回ってみた。最初は一枚の記録紙に一つの花を描こうと考えていた。しかし、回ってみると意外に花が多いとわかった。十一日だけで六つの花をスケッチした。ともくんは成長してスケッチの仕方がうまくなっていた。花びらの一つ一つにも注意しながら慎重にスケッチできるようになっていた。それにしても一つ一つの花の大きさに比べて記録紙のスペースは大きすぎることに気がついた。

「ともくん、一枚の用紙に花のスケッチをしておいたら良いわ。」

と言って、とりあえずはスケッチを続けさせたものの、これはいけないと記録紙を改良することにした。まず、一枚の用紙に五つの花を記録するようにした。場所は簡単に記入しておき、その代わりにスケッチに番号をつけて、別に近所の住宅地図を持って花を見つけた場所に番号を付しておくようにした。花のようすについても記録する項目を具体的に書くようにした。付近の様子のほか、株の数、一株の花の数、花の色、花びらの数、花の大きさ、草の大きさ、花の付き方、葉の形と九項目の枠を作っておき、簡潔に書き込むようにした。スケッチした花は日付とスケールをバックに写真を撮っておいた。「少々ピンぼけでもいいや。」と写真撮影はともくんに任せたけれど、実はこの写真撮影が非常に難しかったようだ。そもそも持っていたデジタルカメラは近接撮影に十分対応できる機種ではなかった。それで小さな花の場合はなかなか花をアップにすることができない。しかも小さな花にピントが合わず肝心の花がピンぼけになってしまう。少し風が吹くとファインダーの中では大きく揺れてしまうといった具合であった。仕方がないので、私の一眼レフカメラを持ち出し、同じ花を撮影しておくようにしたものの、それではともくんの撮影ではなくなるので、妻の出番となった。妻は高校時代、写真部のエースであった。何回かともくんの調査に付き合い、花の写真の撮り方を指導した。構図の取り方、ピントの合わせ方、シャッターを切るタイミング等々、手取り足取り指導した。おかげで妻の方が花の撮影の虜になって、自由研究が終わってからも当面花を撮影することが趣味のように続いた。山中をドライブしていると、

「そこで止まって！」

と、突然途中下車をするのはしばしばで、運転している私には到底見つけることができない小さく珍しい花を見つけては写真を撮るようになった。

さて、自由研究の方はというと、四月に三回、五月から八月に各一回の調査を実施し、新しい花を

野の花観察シート　平成１９年　5月27日　11時15分、天気☀　気温25℃

番号	①	場所	となりのあきち	様子	
花のスケッチ				株の数：1	一株の花の数：2
				花の色：白	花びらの数：5まい
				花の大きさ：4mm	草の大きさ：横2.8cm たて3cm
				花の付き方	葉の形

番号	②	場所	お寺の前	様子	
花のスケッチ				株の数：1	一株の花の数：35
				花の色：白	花びらの数：18まい
				花の大きさ：1.9cm	草の大きさ：約1m
				花の付き方	葉の形

(ヒメジョオン)
(キク科)
(別名)ヤナギバヒメギク

番号	③	場所	太田[illegible]公園	様子	
花のスケッチ				株の数：2	一株の花の数：9こ
				花の色：むらさき・赤むらさき・青	花びらの数：5
				花の大きさ：5mm	草の大きさ：約80cm
				花の付き方	葉の形

(あれちはながさ)
(くまつづら科)

番号	④	場所	道	様子	
花のスケッチ				株の数：	一株の花の数：1
				花の色：むらさき	花びらの数：5まい
				花の大きさ：6mm	草の大きさ：28.3cm
				花の付き方	葉の形

(キキョウソウ)
(ききょう科)

番号	⑤	場所	お寺の前	様子	
花のスケッチ				株の数：	一株の花の数：1
				花の色：オレンジ	花びらの数：4まい
				花の大きさ：8mm	草の大きさ：17.2cm
				花の付き方	葉の形

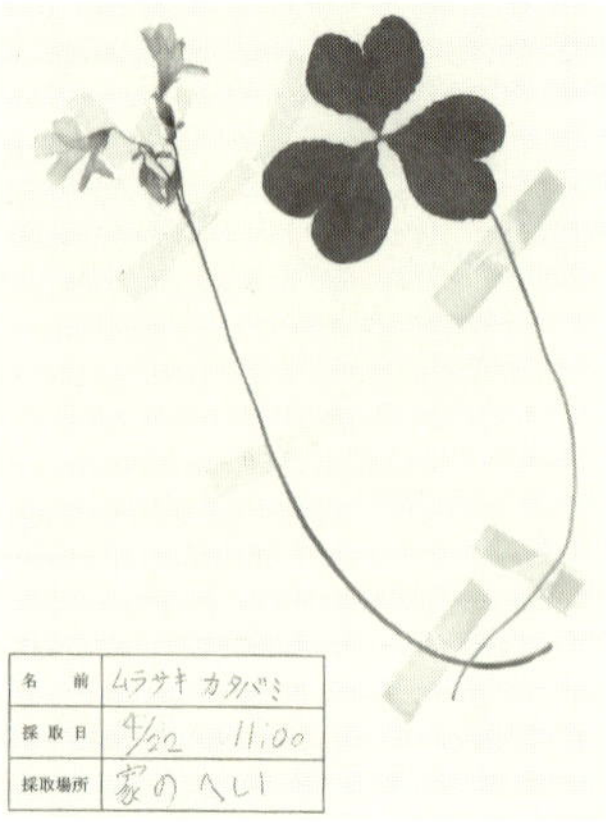

押し花

見つけては、スケッチ、写真、そして時には一輪の花を採取して押し花にして残すことにした。これは写真とともに後で名前を調べるのに大変役に立った。

花の名前は家族総出で徹底的に調べた。妻はインターネットで、私は植物図鑑を確認して、ともくんと一緒に名前を調べた。しかし、慣れないことをするのはうんざり。結局インターネット検索が威力を発揮することとなった。「赤い花、花びら五枚」などと入力すると候補となる花が数種類、写真付きで瞬時に検索される。その写真とともくんが写した写真を見比べれば、ほとんどの花の名前がわかる。結局、ともくんの努力が功を奏して、全部で六十一種類の花を見つけることができた。ともくんは花が見られた時期を整理しようと縦軸に六十一の花の名前、横軸に調査した日付を書いた表を作り、花が見られたところに○を入れていった。すると三月から夏休みまでずっと確認できた花もあるし、短い期間でしか確認できない花もあることがわかった。およそ一カ月以内しか見られなかった花と三カ月以上の長い期間で見られた花について、その花の種類を数えてみると、三月六種類、四月八種類、五月十一種類、七月十一種類、八月十種類、そして三カ月以上見られた花は十四種類となった。こんなにたくさんの花がまるで月々のアレンジメントを変えていくように変化しているとは、この自由研究をするまで私たちも知らなかった。

そして、この自由研究の成果は地図とカレンダーに花の咲く様子を整理し、家の周りで見られる花の移り変わりをまとめたものとなった。「野の花には街路樹の下で小さい花を咲かせているようなものが多く、よく見ないと見過ごしてしまうような場合もあります。また、花だんの花のタネがとんで育ったのかもしれない花もあります。これらの花を地図にはりつけることで、あらためて町の中にたくさんの花が自分で育ち、咲いていることにおどろきました。」意外というべきかねらい通りというべきか、地図は花の写真で埋め尽くされ、私たちの街は花でいっぱいになった。

今回の調査で場所、期間を問わずよく見られたのがカタバミの仲間で、カタバミ、タチカタバミ、アカカタバミ、ムラサキカタバミの四種類を見つけた。だいたいは公園で見つけたが、アカカタバミは七月に道路沿いで、ムラサキカタバミは家のブロック塀の隙間に生えているのを見つけた。これらカタバミの種類の見分け方もインターネットで調べて参考にした。

考察。「三月に調査を始める前、ぼくは野の花といえばシロツメグサかカタバミかタンポポぐらいしか知りませんでした。でも、調査を始めたとたん、花が多いのに驚きました。同じような黄色い花でも、タンポポだけではなく、ノゲシやセイヨウタンポポなど、いっぱいありました。カタバミ

も四種類見つけることができました。まだまだたくさんの花が見つけられるかもしれないと思っていた時、八月の中ごろに、公園の草かりが行われ、道の植え込みが抜かれ、新しい草木を植える準備がされました。こうしたことは、公園や道を利用する私たちには必要なことだと思います。だけどよく考えてみると、そこに咲いていた野の花のことは全く考えていないと思います。」と書いたものの、ともくんは「これで花を探さなくてすむぞ。」と、内心ほっとしたに違いない。それにしても、私の仕事が道路管理に関係あるからといって、草刈りや植え替えを「必要なこと」と書かせてしまったのは「ちょっと行き過ぎたかな」と少し反省である。

考察の締め。「道や公園にとっては雑草かも知れないけれど、美しい花を見ていると心がなごんできます。このような草花を大切にして、公園や道ばたにも自然の野の花がいっぱい咲くようになれば、きっとすばらしいと思います。今回の調査をきっかけにして、これからも自然の草花を大切にしていきたいと思います。」

もちろん金紙獲得。今回、ともくんは実質カメラマンデビューを果たしたわけだが、全部で三百枚ぐらいの写真を撮って、使えたのは二百枚ぐらいであった。ピンぼけも良い経験となったに違いない。

ところで、小学校でともくんを指導してくれていた理科専科の先生が、定年まで数年を残してともくんとともに卒業することになった。詳しくは聞かないし、先生にもいろいろと事情があるのだろうけれど、ずっとともくんのことを見守り、応援してくれていたことを思うと、非常に残念である。

17 田んぼの水の中に住む生き物たち

ひろくん小学三年生

ともくんが野の花を探して町中を探検しているのを横目で見ながら、ひろくんは自転車に乗ったり公園で鉄棒をしたり……。でも、あまりともくんには近づかない。なぜなら、へたに近づけば自分も自由研究に巻き込まれると思っているからである。それでもゴールデンウィークになるとしびれを切らし、妻が声をかけた。

「ひろくん、そろそろ自由研究何するか考えないといけないのと違うか?」

「うん。」

返事だけは良い。

「何する?」

妻はたたみかけた。

「う〜ん。忍者の研究にしようかな?」

「何言ってるの。」

と言いつつも、別に今に始まったことではない。幼稚園にあがるかあがらないかの頃には大工になりたいと言っていた。親戚のおじさんの家が古民家を思わせる立派な作りのお宅であるが、小さなひろくんの目にはただ古いだけに写り、自分が大工になって建て替えてあげるというのである。そのおじさんが喜んだのはもちろんであるが、おばあちゃんにとっても自分の孫が親戚の家のことまで気にかけられる視野の広い人間だと勘違いをして喜んだものである。小さなひろくんにとっては自分の家も親戚の家もなく、ただおばあちゃんに連れられた家を自分好みにしたいだけなのである。そして、小学校に上がる頃から次は忍者に興味を持ち始めた。大工とは何の脈絡もない。確かに伊賀上野へ連れて行ったことはあるが、それがきっかけでのめり込んだとしたら、親として失敗だったと言っても良い。とにかく図書館へ行っても忍者図鑑なる本を何度も借りてくる始末である。そこで妻は考えた。忍者と言えばすいとんの術、すいとんの術と言えば沼や田んぼ、田んぼと言えば水棲生物、「よし、これで行こう。」となった。

「ひろくん！　田んぼで生き物調査する？」

「そうやな。田んぼにエビとかいるしな。」

エビ？　確かに名前は知らないがエビのようなやつがいる。

「まあ、エビもいいけど、せっかく誕生日に顕微鏡買ってあげたのに、顕微鏡使って調べへん？」

「うん、いいよ。」

私たち夫婦は「こいつ、だれの自由研究と思ってるんや」と、口には出さないものの、お互い目で愚痴っていた。

小学三年生で顕微鏡が使えるのか、と思ったが、今はトイザらスで手頃な値段の顕微鏡が手に入り、小学三年生でも十分にミクロの世界を楽しんでいた。田んぼの水の中にはミジンコなどのプランクトンがいっぱいいるので、十分に自由研究の題材になると思われた。田んぼに引水する六月から八月にかけての調査になるので、自由研究の期間としてもちょうど良い。問題はいかにして田んぼの水を取るかである。目に見えないような小さい生き物を集めるために、ストッキングとペットボトルをひっつけて特製の網を作った。そして、今回もひろくん一人を野に放つことはせず、まあくんやともくんを監視役に田んぼの調査をすることにした。

調査した田んぼは家から五分以内の二つの田んぼで、一つは水路が田んぼより低いので、おばあちゃんが週に一回水路をせき止めて引水し、もう一つは水路が田んぼより高く、いつも水が流れ込んでいる。

六月二日、代掻き。前日から田んぼに水を入れていて、水面には緑色の藻のようなものが浮いていた。緑色の水と川の水をペットボトルに採って持って帰った。

六月三日、田植え。

六月十六日、青い藻のようなものは無くなり、エビやタニシがいっぱいになっていた。

六月二十三日、新しい種類のものがいっぱい採れた。貝のようなもの、小さい虫、細長い虫など。二十四日には採水したペットボトルの中で小さい虫が死んでいたが、顕微鏡で水を観察した。

七月七日、エビの数が減ってオタマジャクシやカエルが増えていた。ヤゴのような生き物を見つけた。

七月二十八日、田んぼの地面がひび割れていた。タニシが多く、オタマジャクシが減っていた。水がきれいになっているように思った。アメンボやゲンゴロウみたいなやつを見つけた。

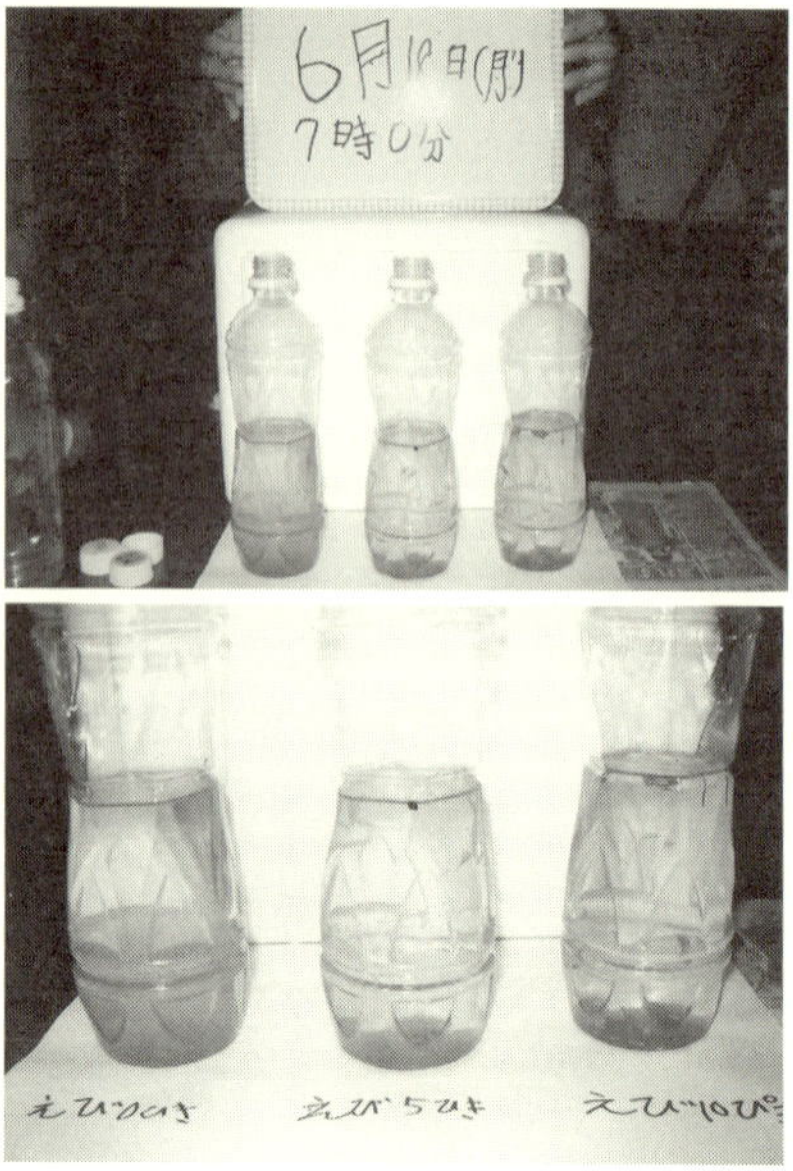

3本のペットボトルに田んぼの水を入れて観察

調査を始めた頃よりも水がきれいになっているように感じた。顕微鏡を使って微生物を観察するという当初の目的からは少しはずれていくが、生き物が水をきれいにしているのではないかと考えて、エビによる水質浄化の効果があるのか調べることにした。なぜ、エビなのか。確かに田んぼには小さなエビのようなもの（あとで名前を調べてホウネンエビだとわかった）がたくさんいたし、金魚を飼っているときにエビを入れておくと金魚の糞の掃除をしてくれると聞いたことがあるから、なんとなく選んでみた。

六月十七日午前、バケツに田んぼの水を採ってきて、三本のペットボトルに同じように注いだ。そのうちの二本にホウネンエビをそれぞれ五匹と十匹いれて水の変化を観察した。夕方まで置いておくと泥が底にたまって少し水がきれいになった。夜に見てみると、ホウネンエビが十匹はいっている水が一番きれいになっていた。「写真ではわかりにくいですが、見た目にはすごくきれいにかんじました。」やはり自分の目で観察することが大事である。

明くる日の朝、ホウネンエビの入っている水はさらに透明になっていたが、よく見るとホウネンエビ五匹の水の方が少しきれいに感じた。ひろくんは「水が少ないところへたくさんのホウネンエビがはいっていたので元気がなくなってしまったのかもしれないと思いました。」というのであるが、実際のところはどうなのか、ホウネンエビによる水質浄化の効果があることは確かであるが、それだけではない。しかし、これが子供にとって限界であり、これ以上深入りすることは親にも知識がない。残念である。

今回の調査で見つけた生き物。田んぼでたくさん見つけたのはジャンボタニシ、ツチガエル、オタマジャクシ。夏休みになるとアメンボやヒメゲンゴロウ、そして田んぼの底にはヤゴを見つけた。変わったところでは黄色いオタマジャクシを見つけたが、カエルにすることはできなかった。六月、調査を始めたときに田んぼの中でうじゃうじゃ動く物を見つけたのでよく見ると、それがホウネンエビ

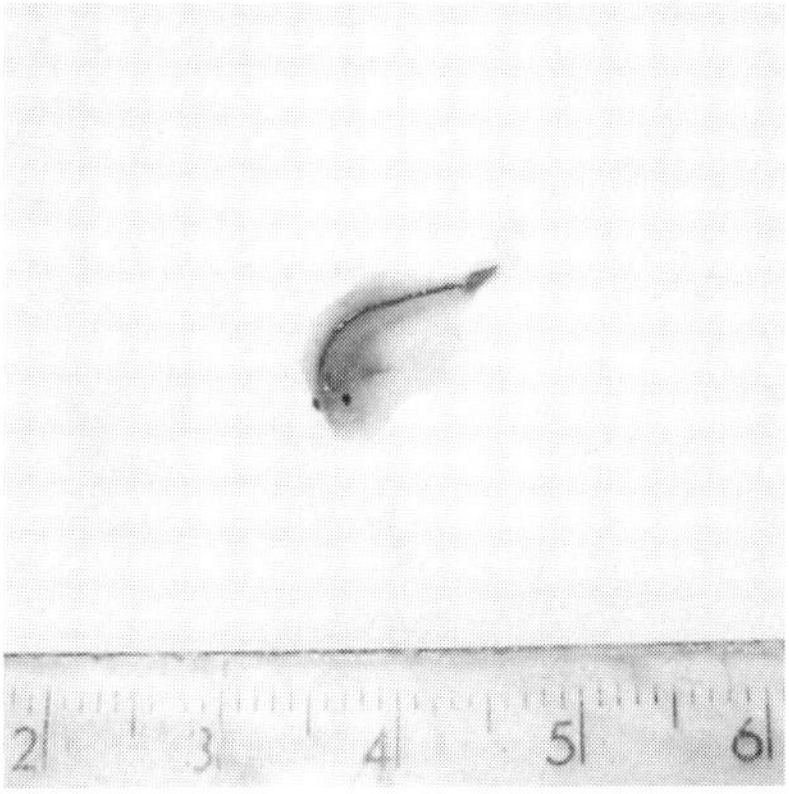

ホウネンエビ

とカイエビだった。どちらもインターネットで調べてやっと名前がわかった。ホウネンエビは体が緑色、目は黒、尾は赤、足が波打っている、というエビとはいうものの本当のエビではない。雑貨屋で卵が売られていたので、結構めずらしいものらしい。カイエビは二枚貝の中にホウネンエビが入っているようなものである。どちらも透明で一センチメートル程度の大きさなので、田んぼの中をよく観察しないと見つけられない。子供たちの観察の成果である。顕微鏡の観察ではボウフラやミジンコ、オナガミジンコなどを見つけて観察した。

考察。「今回、田んぼの生き物を調べてみてわかったことは

つぎのとおりです。①川から入れる水には何もいないのに田んぼへ水がはいるとたくさんの生き物が育っていることがわかった。②水の中には目に見えない生き物がいることがわかった。③ホウネンエビが目に見えないような生き物を食べて水をきれいにしてることがわかった。」わかったことをひたすら書き出させた。とにかくひろくんにとっては田んぼの中にカエルとタニシ以外にも生き物がいるということがわかったようである。しかし、「いた」というだけでは研究にならない。「④田んぼにはいつも同じ生き物がすんでいるのではなく、つづけて調べていると生き物のしゅるいが変わってくることがわかった。⑤ホウネンエビがお店で売っていたけれど、田んぼを大切に守っていったら、めずらしい生き物を買わなくても育てていけることがわかった。」多少入れ知恵したことはお許しいただきたい。親子で取り組んだ自由研究である。

感想。「どろだらけの田んぼの中にいっぱいいろんな生き物がいることにおどろきました。今回のけんきゅうをきっかけに、田んぼの生き物をもっと調べて、そして大切に守っていきたいと思いました。」

どうやらまとめ方が薄っぺらく見られたのか。ひろくんの創意工夫と努力が目に見えるような形にまとめられなかったのは親の責任だろうか。県の展示会には出品していただいたものの金紙ならず。展示会を見に行ったときのひろくんは、ともくんの金紙を見て少し寂しそうだった。この悔しさを次に活かしてほしい。

ちなみにこの年の田んぼはタニシに食い荒らされて稲が育たず田んぼの半分が沼のようになってしまった。自由研究の結果に追い打ちをかけるようなできごとであった。

18
和歌山でおいしい水を探そう

ともくん中学一年生

自由研究を十年も続けるとたいがいネタは切れてしまう。もちろんハウツウ本を見ればまだまだ手がけたことのない実験や調査がたくさん載っているとは思う。しかし、本に載っていることをそのままやっていたのでは金紙はねらえない。しかも私自身興味がわかないようなものを子供に押しつけるわけにはいかない。

それにしても、「これまではがんばりすぎた。」「三月から自由研究に取り組んでいる子が他にいるだろうか、科学部ではないのだから。」と言い訳をしてみたものの、すでに五月の連休も終わろうというのにまだテーマが決まっていないというのは、少し焦っていた。

「今年の自由研究、どうする?」

しびれを切らした妻が問いかけてきた。

「さあな。やつら（子供たち）は何かやりたいことないのか。」

「そんなこと自分で考えてるわけないでしょ。」

妻はむっとした。そして続けた。

「お父さんの水質調査を自由研究でできないの?」

実はそのころ私は昔の恩師に誘われて、各地の湧き水の水質調査に関わっていた。しかし、この水質調査はいわゆるガイド本を出版するための基礎調査であって、小中学生の自由研究などとは全く違うというか、自由研究で取り組むという発想がそもそもなかった。改めて言われてみれば、取り組めないわけではない。でも何かが違う。動機から結果まで親の押しつけになってしまわないか。少なくともこれまでは子供目線の着眼を大事にし、子供の興味を引き出して、子供たちはそれなりに自分で努力してきたではないか。ここに来て妙なレールに乗せてしまって良いものか。

ある日、そのもやもやは一気に吹き飛んだ。五月下旬の日曜日、家族で高野山を訪れた。高野山は言わずと知れた弘法大師が開いた宗教都市であるが、有名なのは仏閣だけではない。それぞれの寺院で手入れの行き届いた庭やそこに育つ四季折々の植物が観光客の目を楽しませてくれる。この日も私たちは子供たちを連れて初夏の花を見ようと金剛三昧院を訪れた。このお寺は石楠花や紫陽花が有名で、もともと北条政子が夫源頼朝、息子実朝の菩提を弔うために建立したと言われているお寺である。寺院への参道や院内の庭園では珍しい草花がいっぱいで、ともくんと一緒に草花を探して歩いてからすっかり花の虜になっていた妻は浮き浮きと道端の草花を観察していた。ナルコユリ、チャルメルソウ、マムシグサ、ショウジョウバカマ、キケマン、ムラサキケマン、ラショウモンカズラなど、聞いたことのない名前の草花を見つけては座り込んで写真を撮っていた。

金剛三昧院からの帰り道、来た道から一筋外れて違う道を行くことにした。

「お父さん、こんな所に豆腐屋さんあるで。」

いつも先を行くひろくんが、この日も先を歩いて大きな声で叫んだ。

「高野山はごま豆腐が有名やからな。」

「今晩のおかずに買っていく?」

「それはいいな。」

ということで、ごま豆腐屋さんを覗いてみることにした。その店は製造直売の店で、店内でも食させてもらえるようになっていた。ごま豆腐は言うまでもなく精進料理として有名な料理素材の一つであるが、その店では和三盆をまぶして、まるでデザートのように食べることができた。店内の座席から外を眺めてみると鹿威《ししおど》しのような竹筒から水が流れ出していた。またもや好奇心旺盛なひろくんは早速外に出て、その水の正体を突き止めた。

ごま豆腐の水

「お父さん、この水飲めるんやて。」

「勝手なことしたら、店の人に叱られるぞ。」

「ほんまやで、飲んでもいいって書いてあるもん。」

店の人が声をかけてくれた。

「そこの水はごま豆腐を作る水です。試飲していただいてもいいですよ。」

なんとごま豆腐を作るための湧き水を引水して、試飲させてくれているというのである。試飲のためのコップも置いてくれていた。

「お父さん、この水の水質も調べたら?」

ともくんが食いついてきた。

「お父さんの調査はもう終わったから、ともくん調べたら?」

「どうやって調べるの?」

「水質調べるのは調査試薬があるから簡単やで。市内にも結構湧き水とか井戸水のところがあるから、調べてみたらおもしろいんと違う?」

「へ~、やってみようかな。」

食いついたら逃がすわけにいかない。一気に自由研究のテーマを決めてしまった。妻によると、ともくんは以前から私の水質調査に興味を持っていたそうだが、言い出せなかったらしい。ひろくんの方のテーマは少し考えていることがあるということで、「ともくんはお父さんに任せた!」となったのである。

夏休みに入ると早速行動を開始した。まずは文献調査。和歌山市内の湧水や井戸水について資料を探した。また、おいしい水についても調べた。水質調査についてはインターネットでパックテストの水質調査キットを購入した。

「お父さん、和歌山市内で湧き水ってどこに出てるの?」

着々と準備を進める中で、ともくんにとってはまだ具体的な調査方法が見えていなかった。

「湧き水や井戸水は市内の至るところにあるで。どんなところにあると思う?」

「本に紀三井寺の井戸のことが出てたけど。」

「そうやな、本に出ているところは自分でももう一度調べてみたらいいな。」

「うん。」

「ほかにどんなところにあると思う？」

「日前宮《にちぜんぐう》にお参りしたとき手を洗うのは湧き水ちがうのかな？」

「さあ、一度聞いてみたらどう？　市内の神社やお寺の手水《ちょうず》に井戸水使ってないか調べてみたらいいんとちがう？」

「どうやって？」

「そんなもん、電話してみたらいいんやろ。」

「え〜。」

というものの、思いつくところに電話をかけることにした。

電話調査。ともくんは電話調査などというのは初めての経験なので、シナリオを作ることにした。

「お忙しいところ申し訳ありません。僕は夏休みの自由研究で井戸水のことを調べています。そちらの神社の手水鉢などで、井戸水が使われていませんか。」

「使っていない。」の場合、「お忙しい中ありがとうございました。失礼します。」

「使っています。」

「いくつか質問したいのですが、今、お時間よろしいですか。」

「忙しい。」の場合、「失礼しました。またの機会によろしくお願いします。」

「いいよ。」

「質問。①その井戸水は飲めますか。②何に使っていますか。③簡単な水質検査をさせてもらってもいいですか。」

お寺や神社十三カ所に電話をした結果、留守三軒、湧き水や井戸水のないところ五軒、残る五軒のうち、三軒で水質調査をさせてもらえることとなった。

子供の自由研究なので、無理強いはさせない。引くときはあっさりと引かせることにした。それにしても人の電話対応というのは面白い。「神聖なものなので、検査はできない。」「地下水なので井戸ではない。」要するに検査なんてしてもらいたくないということか。

神社側の苦労も見えてきた。境内に井戸水や湧き水があっても手水鉢の水は水道水を使っているというところが何カ所かあった。話を聞いてみると、水質検査は毎年行っているものの、万が一参拝者が口に含んで何かあったら困るというのだ。調査をしているものの浅い井戸の水質に自信が持てない現実。もしも事故が起こった場合に自己責任とは言えない社会。そして訴訟に勝てるのだろうかという不安。それならば水道水を使えば行政が責任を持ってくれるであろうという社会構造。神社において水とは何なのか、と子供たちに問いかけても答えが返ってくる訳はないが、何とも残念である。

市内にも造り酒屋が何軒かあり、昔は神社の井戸水をそのまま宮水として使っていたこともあるそうである。神社で話を聞いていると、鉄分の多い水、塩分が含まれる水など、市内でも採る場所によって水質に違いがあることもわかった。「調査に協力してくれた神社やお寺のみなさん、いろいろとお話を聞かせてくれた住職さん、神主さん、ありがとうございました。」

水質調査は紙コップに採水して次の方法で行った。①気温、水温の測定。②パックテストによる水質測定。「おいしい水検査セット」では全硬度、残留塩素、「井戸水検査セット」ではpH、鉄、全硬度、COD（化学的酸素要求量）、亜硝酸を測定した。③pH試験紙による酸性、アルカリ性。④飲んでも大丈夫というところではコップに受けてそのまま飲んでみて味を確かめた。七月二十六日、七月三十一日、八月三日、八月九日と四日に分けて十二カ所の水の調査を実施した。市内にも硬度の高いところや鉄分の多い水、CODの高いところなどいろんな水を確認した。調査した結果は地図に落とした。

おいしい水とは。文献によると、「水温、硬度、二酸化炭素がおいしい水の三条件。特に水温は十から十五度が冷たくておいしく感じ、硬度は五十ミリグラム前後が多くの人に好まれ、まろやかな味になり、二酸化炭素が十分溶けていると新鮮でさわやかな味になる。」

八月十日、家族でおいしい水の飲み比べをした。私のセットで、妻、ともくん、ひろくんの三人が利き水に挑戦した。常温の水道水、冷たい水道水、六甲のおいしい水、エビアン、天然水奥大山、ボルビックの六種類。三人とも水道水はすぐわかった。不思議なもので、三人ともに日本の水はおいしく感じ、外国の水は味がないとか、あっさり系に感じている。多少知識が邪魔をするのか、妻の感想にはフルーティとか、スパイシィといった言葉が入ってくるが、実はよくわからない。しかし、飲み比べというのは意外とおもしろい。

これからは防災の視点も重要な要素である。井戸水や湧き水は災害などの非常時に活用できると言われている。調査をしてみて、意外に身近に井戸水や湧き水があるとわかり、それが結構利用されている。しかし、使っていない井戸水は腐る。町中では時代とともに水質が悪化する。本当に役立てるためには、①位置や普段の利用方法を把握しておくこと、②水質を守ること、③普段から使うこと、の三点が重要である。日頃から意識しておくべきだということだろう。

今後の課題。「宮水について調べた資料によると、生で飲むと非常においしいですが、沸かすとダメになりますから、コーヒーやお茶を入れるのには向いていませんといったことが書かれていました。」詳しくはわからないが、煮沸するとマグネシウムやカルシウムが沈殿するからかも知れない。しかし、「調査をしていると、この水はおいしいので、お粥を炊くのに使っているとか、この水でコーヒーを沸かすとおいしいという話を聞いた。」実にいい加減な話ではある。さらには水汲み場には安全のため、飲用する場合は煮沸してから利用してくださいとの注意書きまである。「今回の調査では、おいしい水とはどんな水かという疑問については十分な答えを得るに至っていません。私たちは名度でおいしい水と思って飲んでいるけれどもおいしさを失って飲んでいるかも知れません。つまりは有名度でおいしいと感じているという一面もあると思います。本当においしい水の条件は何か、また、近くにある井戸水を飲用に使うにはどうすれば良いのか、水道水をおいしくするにはどうすれば良いのかなど、おいしい水について、さらに深く研究していきたい。」

調査方法を工夫し、自分が住む町の社会や歴史についても勉強し、新しい分野に挑戦した結果、金紙獲得であった。

19 シラスにひそむ生き物を探せ

ひろくん小学四年生

ともくんの水質調査を横目に、妻が小学四年生のひろくんのために考えていた秘策はチリメンモンスターであった。以前テレビ番組で「シラスの大研究」という番組を見た。「エビとかいてるんや。」とひろくんが興味をもった姿を妻は見逃さなかった。

今回のひろくんの自由研究は徹底して数を数えさせることにした。ひろくんは根気がなく移り気なようだが、言われたことは親が近くにいればひたすら続けることができる。アサガオの観察でも小学一年生だというのにひたすら葉っぱの数を数えることができた。今回はスーパーでシラス一パック（百グラム）を買ってきて、シラス以外の生き物を探して、ひたすらその数を数えさせることにした。とはいうものの自由研究として成立させるために、漁師さんやシラス加工場の人に話を聞いたり、まざりもののスケッチをして、名前を調べて、産地別や時期別に特徴がないか調べたりと工夫を凝らすことにした。

事前調査一、七月十三日、「和歌山県産釜揚げしらす」百グラム一パックを買ってきてまざりものがはいっているかを調べた。すると、タコはそのまんまタコで、エビやカニもそのままの形で入っていた。魚もシラスとは明らかに違う魚が入っていた。

事前調査二、七月二十二日、漁港へ行った。行ったのは海南市冷水《しみず》というところの漁港である。漁港の傍らに漁業組合の事務所があった。ひろくんは物怖じせず、入り口の扉を開けた。

「すみません。シラスの話を教えてくれませんか。」

「何の話かな？」

事務所の中には女性の事務員らしき人が応対してくれた。

「ちゃんと説明しなさい。」

後ろからお母さんに小声で言われたひろくんはもう一度言い直すことになった。

「ぼくは夏休みの宿題で、シラスの中に混ざっているカニやエビやタコを調べようと思っています。それで、先にシラスの捕り方とか教えて下さい。」

「あ、それならちょうど副組合長さんが奥にいるので呼んでくるわ。」

「ありがとうございます。」

四年生にしてはちゃんと言えた方かな、と妻は少しほっとした。

「こんにちは。」

奥から出てきた副組合長さんは真っ黒なしわしわの、一見怖そうな顔だが、その声は明るくやさしそうであった。

「お忙しいところすみません。子供の自由研究でシラスのことを教えていただけたらとおじゃましました。よろしくお願いします。」

今度は妻が丁寧にお願いした。

「はい、はい。いいですよ。何を調べているのかな？　まあまあ、ここにすわりな。暑いからアイスでも食べるか。」

ひろくんはにこっ、として満面の笑み。何をしに来たのかすっかり忘れてしまっていた。

妻にこづかれて、ひろくんは質問を始めた。

「シラスのことについて、いくつか質問していいですか。」

「はい、どうぞ。」

ひろくんはポケットからメモとくちゃくちゃになった質問を書いた紙を取り出した。

第一問。「シラスはどうやって捕りますか。」

「三隻で一つのグループを作って漁にでるんだ。一隻は魚群探知船、あとの二隻で網を引っ張ってるんだ。」

副組合長さんは白い紙に概略の絵を描いて説明してくれた。

第二問。「シラスはどのへんで捕りますか。」

「和歌山市の友ヶ島、兵庫県の沼島《ぬしま》、日の岬を結ぶ三角形で囲まれた領域。ここをわずかでもはみ出して漁をすると厳罰ものだ。シラス漁をする和歌山の漁船は約六十隻、和歌浦湾周辺では二十五隻ほどだ。」

第三問。「網にはどんなものが入ってきますか。」

「最近びっくりしたのは、体長二～三メートルほどのマンタ。体長一メートルほどのサメやカメが入ったことがあったな。食べられるものが入ったときは漁師で分けるが、それ以外は逃がしてる。」

第四問。「どれくらい捕れますか。」

「多いときには一日二百〜三百万円。仲買人が競りで落としていくので、日によって違うけれど、だいたい二十キログラムで一万八千円から二万円くらいかな。今日の水揚げは五十万円。五隻で漁に出たので、一隻あたり十万円。四日ぶりの漁だったし、燃料費もかかるので、これではかなり厳しいんだ。」

思わぬ実態を紹介していただいた。

「加工場へも行くか？」

「ぜひ、行きたいです。」

「じゃ、電話しといたるわ。行きがけに船も見ていくといい。」

「ありがとうございます。」

加工場は漁港に隣接した湾の奥にあった。でも、車ではいったん通りに出て、坂道を上って下って、細い道に入り、タイヤを落とさないように気をつけながら加工場の敷地へと入っていった。入り口では既におじさんが待ってくれていた。

「お忙しいのに、突然おじゃましてすみません。」

妻は恐縮しながら挨拶をした。またしてもひろくんはこづかれて「よろしくお願いします。」という始末である。

店の中に案内されて、早速、第一問。「シラスの加工の仕方とより分け方を教えて下さい。」

「シラスはカタクチイワシの子供です。水揚げ直後の生シラスを水に入れる。この時シラスは水に沈むけれど、軽いまざりものは水に浮くのでそれをすくい取ってまず分けます。その生シラスを釜に入れゆでます。釜揚げシラスはこれで完成。ゆであがったシラスは次に外で天日干しにします。このとき見栄えの悪いまざりものや大きなまざりものなどをお箸で取り除きます。」

工場の中には大きな釜があり、天井には扇風機がいっぱい取り付けられていた。工場の外では先ほどゆであがったばかりというシラスが一面に天日干しされていた。

第二問。「いままで混ざっていたもので面白いものは何ですか。」

「そういえばタツノオトシゴが入っていたことがあったな。」

第三問。「シラスの加工で苦労していることは何ですか。」

「そうやな、鮮度が大切なので、たくさん水揚げがあったときは次々とシラスを加工しないといけないので大変だな。」

「ありがとうございました。」

「おっ、そんなもんか。じゃ、これを持ってかえるといい。」

手渡してくれたのはビニール袋に入った釜揚げシラスだった。干してしまうとまざりものの姿が干からびてわかりにくくなるのと、いただいたものはまだ選別していないので、いろんなまざりものが入っているとのことだった。おっと、それと事前調査でタコだと思っていたのは実はイカだということも教えてもらった。それからエソといってシラスに似た別の魚がいることも教えてもらった。

それからスーパーで釜揚げシラスを買ってきてはまざりものの選別を実施した。七月二十六日、和歌山県産二百グラム中まざりもの九十匹（百グラムあたり四十五匹）。二百グラムを選別するのは大変

シラスの中のまざりもの

だったので、次からは小さいパックを買ってもらうことにした。七月二十九日、兵庫県産百グラム中百七十四匹。七月三十一日、兵庫県産百グラム中百七十匹。八月二日、大阪府産百グラム中百九十一匹。八月七日、家族旅行で行った出雲市でもスーパーへ行ってみた。すると売っていたのは愛媛県産。産地が意外だったので、もう一軒別のスーパーに行ってみると、今度は愛知県産であった。帰ってから選別をした。愛媛県産は六十グラム中四十五匹（百グラムあたり七十五匹）、愛知県産は七十五グラム中百三匹（百グラムあたり百三十九匹）。八月十五日、和歌山県産百グラム中百七十八匹という調査結果となった。インターネットでシラスの府県別生産量を調べてみると、日本海側や北の方ではシラスがとれず、千トンを超える生産量があるのは太平洋側と瀬戸内海の一部だけだとわかった。

　まざりものとして見つけたのは、ゾエア（エビやカニの幼体）、エビ、カニ、イカ、エソ、その他の魚で、どの産地でもだいたい同じようなものが見られた。兵庫県産にはエソがたくさん混ざっていたが、愛媛県産と愛知県産では混ざっていなかった。エビについては、ひとまとめにしたものの、縞模様のものと細長いものと透明なものの三種類を見つけた。ゾエアは体長一ミリにも満たないので、たくさんのシラスの中で肉眼で見つけるのは大変である。しかし、そこはひろくんの根性。スプーンでより分けながら、太い指でつまみ上げた。エソという魚はシラスとほとんど同じ形をしているが、腹の黒点が目印である。その他、明らかにシラスとは形の違う魚が混ざっていた。「これはアジかな?」とわかるものもあるが、ほとんどは名前のわからない魚である。

お皿に山盛りのシラスの中で、小さいまざりものをちまちまとより分けていく作業は並大抵ではない。その上、シラス漁という産業の実態、シラスの生態に関わる産地の問題など、夕食の一品を発端とした疑問は日本全国の問題へと発展していった。小学四年生としては納得の金紙であった。

後日、妻とひろくんはお世話になった漁協と加工場へ自由研究の成果と金紙獲得の報告をした。みなさん大変喜んでくれて、ひろくんの努力を讃えてくれた。特に加工場では、よく近所の小学生が見学に来るとのことで、ひろくんの研究成果を加工場の中で展示してくれることになった。実はこのころはまだチリメンモンスターという言葉はあまり知られていなかったが、翌年から自由研究の展示の中でいくつか見かけるようになったのは、気のせいだろうか。

20 紙飛行機を飛ばそう　ひろくん小学五年生

自由研究は野外にテーマを求めることが多い。いわゆる理科第二分野の範囲に関わるテーマである。それは結果に独自性が見られるからだと思う。生物調査はその最たるもので、調べる地域、時期、方法によって得られる結果はすべて違ってくる。それに比べ、理科第一分野の室内実験に関するものは、自由研究としてまとめるのが難しい。おそらくそれが正解だろうというような結果が少なくとも大人には見えているために、どうしても正解の結果に導こうとしてしまい、ねつ造ではないが、不都合な結果に目をつむってしまう。そうなると結果を素直に分析することができないばかりか、子供の自由な発想など入る余地がなくなってしまうのである。小学五年生で、ひろくんはこの室内実験に挑戦することにした。

「今年の自由研究は紙飛行機にする？」

お母さんに水を向けられたひろくんだが、

「ふ〜ん。」

というだけで、気が入らない。

「いろんな紙飛行機を作って飛び方の違いを調べてみるのも面白いのと違う？」

「いいよ。」

　おいおい、「いいよ。」じゃないだろう。「おまえの宿題でしょ。」と言いたいところだが、ぐっと我慢。六月後半に差し掛かり、いい加減テーマぐらいは決めきってしまいたかった。親としては去年の疲れが残っていたのも事実である。ともくんの「和歌山でおいしい水を探そう」にしろ、ひろくんの「シラスにひそむ生き物を探せ」にしろ、現地調査や関係者へのヒアリング調査、それから表やグラフを活用した資料の整理など、親の持つ知識をフルに使ってまとめ上げさせた。だから今年は正直少し手を抜きたかった。

　夏休みに入って、まず紙飛行機を折らせた。

「紙飛行機をいっぱい折れ。」

「どんなのを折ったらいいの？」

「どんなのでもいいけど、おまえがいつも折ってるやつで、よく飛ぶと思う折り方をいくつも折ってみろ。」

ということで、指示だけ出して少し様子を見ることにした。

　紙飛行機はひろくんが小さい頃からよく折って遊んでいた。それできっといろんな折り方が工夫されるに違いないと思っていた。案の定、一週間ほど経って聞いてみると、

「かなり折ったで。」

といって、ビニール袋に放り込んだ紙飛行機を持って来た。その数は十一通り。紙の質や重さの条件を同じにするために、紙はA5のコピー用紙に統一した。だから十一と言えばまあまあひろくんなり

図1　紙飛行機のおり方

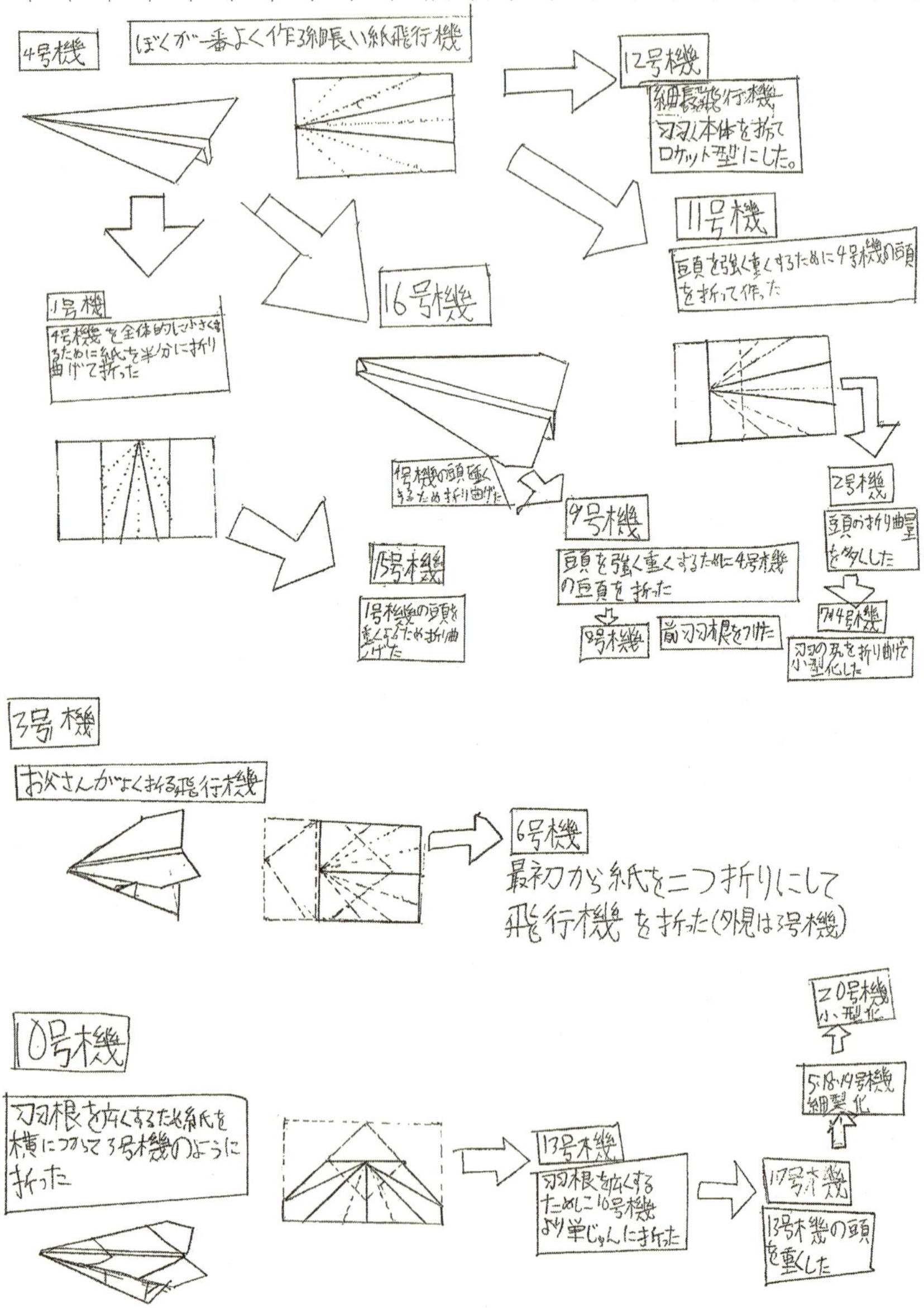
4号機
ぼくが一番よく作る細長い紙飛行機
12号機
細長紙飛行機
羽と本体を折ってロケット型にした。
11号機
頭を強く重くするために4号機の頭を折って作った
16号機
1号機
4号機を全体的に小さくするために紙を半分に折り曲げて折った
4号機の頭を強くするため折り曲げた
9号機
頭を強く重くするために4号機の頭を折った
2号機
頭の折り曲量を多くした
15号機
1号機の頭を重くするため折り曲げた
8号機
前羽根をつけた
7・14号機
羽の先を折り曲げて小型化した
3号機
お父さんがよく折る飛行機
6号機
最初から紙を二つ折りにして飛行機を折った(外見は3号機)
10号機
羽根を広くするため紙を横につかって3号機のように折った
13号機
羽根を広くするために10号機より単じゅんに折った
17号機
13号機の頭を重くした
5・18・19号機
細型化
20号機
小型化

に工夫はしたと言える。しかし、私がよく飛ぶ折り方と言ったためにその形の発想はロケット型であった。つまり、細長くすれば良いといった発想であった。

「もっと違う形の飛行機もあるやろ。」

「え〜、もうないで。」

「ないことあるか。」

ということで、私の得意の飛行機を折って見せた。それから紙を横長に使った、「翼の広い飛行機も折れるやろ。」とさらに折り方を追加させて、併せて二十通りの紙飛行機を作らせた。

次は発射台である。手で投げると毎回同じ投げ方をすることはできない。同じ形の飛行機なら飛ばす時の角度の違いで飛距離が変わると予想して、発射台を作ることにした。ひろくんは参考書を見つけて簡易発射台を作った。木製のアイスクリームスプーンに輪ゴムを付けた簡単なものだが、結構よく飛ぶ。何回か飛ばしてみることにした。

「飛ばす時の強さは変えられるよね。輪ゴムの引っ張り方、変えるだけだもんね。だけど、角度はどうやって変える？」

「上向けたらいいやん。」

「そらそうやけど、角度を測っとかんと、どんな向きに飛ばしたか整理できへんやろ。」

もののの仕組みにいっぱしの知識があるひろくんはすぐに反応した。

「分度器付けといたらいいんと違う？」

「そうやな。」

紙飛行機を発射台にセット

「ちょっと待ってよ。」

ひろくんはすぐさま二階へ行って分度器を取ってきた。スプーンへ分度器と振り子を貼り付けて得意げに見せた。

「おおっ、それはすごい。」

振り子まで思いつくとは思っていなかった。だけど、心を鬼にして言った。

「でも、手で持って支えないと発射できないだろう。それから、飛んだ距離はどこから測る？」

「う～ん？」

そこで木の板やかまぼこ板を使って、地面に置いてしっかり固定できて、角度もずれないような発射台を考えることにした。発射角度は三十度、四十五度、六十度の三通りとし、発射台そのものの角度を変えて固定できるようにした。発射の動力は輪ゴムで、飛行機の引っかける位置を決めて同じ力で飛ばせるようにした。

さて、飛行距離の測定の段になり、ここでおばあちゃんの登場である。おばあちゃん家の廊下はかなり長い。八メートルはある。その廊下の端に発射台を固定し、二十種類の紙飛行機をそれぞれ五回ずつ飛ばした。

「一回目、二・六メートル」

「二回目、三・三メートル」

　ひろくんは距離を測ってはおばあちゃんに報告した。おばあちゃんは大変である。メジャーの片方の端を押さえながら、ひろくんの測った距離を記録していった。各角度ごとに五回×二十種類で計百回、三つの角度で合計三百回の測定を行った。各紙飛行機で上下の極値を取って三回の距離の平均を計算した。足し算、割り算はおばあちゃんの算盤の腕前が大活躍である。もちろん、私は後でそっと検算しておいた。

　飛行距離の測定が終われば父の出番である。二十機の紙飛行機について発射角度と飛行距離の平均値を整理した。それを棒グラフにすると、発射角度四十五度で飛ばしたものがほぼ一番よく飛んでいることがわかった。次に、紙飛行機の形状を翼の広さと紙飛行機の長さの比で表し折れ線グラフにし、飛行距離の棒グラフと比較すると形が細長いものがよく飛んでいることがわかった。

　重心位置の違いについても飛行距離に影響するのではないかと考えた。重心位置は紙飛行機の下側に糸をつけたクリップを挟み紙飛行機が糸でつり下げられた時、地面に対して水平になるところを重心と決めて、紙飛行機の頭の先からその位置までの長さで表した。この重心位置と飛行距離の結果を比較してみたが、重心位置の違いによる飛行距離の差違が顕著にはでなかった。これは全長や形状が同じで重心位置だけが違うといった比較をしていないためだと考えた。そこで一つの紙飛行機で、重心位置が前に来るように改造して飛行距離が変わるか確かめた。標準的な形の六号機で確かめると、重心位置を〇・六から〇・四八へと前へ移したのに対し、発射角度四十五度での飛行距離の平均値は〇・八から〇・九四メートルへとわずかだけれど遠くまで飛ぶようになった。

考察。「飛行機の形については、羽根を広く折るとか、紙を横に使うとか工夫した。予想したとおり、発射角度や飛行機の形の違いで飛び方が違うことがわかってよかった。今回の実験では飛ばす強さを一つにしたけれど、飛行機の形や大きさで最もよく飛ぶ強さがあるのか、変えてみてもおもしろいと思います。」

紙飛行機を扱った自由研究は今までもあったが、勝手気ままに折らせた紙飛行機をもとに紙飛行機の形状や重心位置まで検討しよく整理できたと思う。結果オーライの金紙であった。

第五章　親の興味と子の努力

21

和歌山5キロ縦断地下水調査

ともくん中学二年生

ともくんは中学二年生。昨年は和歌山市内の湧き水や井戸の分布を調べた。調査の中で、井戸の持ち主などにヒアリングすると、市内でも場所によって水質が違うことを教えてもらった。また、酒造りの水も今と昔では採水する場所が変わったことを教えてもらった。「今年はともくんにとって最後の自由研究かも知れない」と思い、昨年の水質調査をさらに深く調べることにした。一つ目は産業と水の利用方法をヒアリング調査から明らかにすること。選んだ産業は酒造業、製鉄業、化学工業の三業種で、いずれも和歌山市での主要産業である。二つ目は市内で活用されている井戸水の水質を調べ、場所と水質の関連を明らかにすること。

和歌山市は西側に海があり、和歌山城のある虎伏山を北端に砂山が南に延び、また、昔の紀の川の流れが北から南へと流れていたことなどから東西方向に地下水の水質に変化が見られるのではないかと予想を立て、和歌山市を東西に縦断する箇所で井戸水の水質調査をした。そして、三つ目はおいしい水の条件に加え、おいしい水の作り方についても調べ、水道水からおいしい水を作って飲み比べを行った。

夏休みに入り、電話でヒアリング調査を行った。

七月十八日、ともくんは酒造会社の世界一統へ電話をかけた。

「こんにちは。僕は中学二年生です。今年の自由研究で水のことを調べています。酒造りの水について教えていただきたいのですが、いくつか質問してもよろしいですか。」

「どんなことですか。」

「第一問、酒造りの水はどこの水を使っていますか。」

「水は県庁の裏にある酒造組合の井戸水を使っています。」

「第二問、酒造りにはどのような水が適していますか。」

「おいしいお酒を造るには適度にカルシウムやマグネシウムが入った水が適しています。」

「第三問、昔からその水を使っていますか。」

「昔は中之島あたりで水をとっていたのですが、水脈が変わってお酒には適さなくなりました。それで、今の場所で水をとるようになりました。」

去年の自由研究で中之島の志摩神社を訪ねたとき、「昔はこの神社の井戸水が宮水として使われていたんだ。」と教えてもらった。今年は酒造会社のヒアリングでそのことが裏付けられた結果となった。

七月二十三日、酒造組合へ電話をかけた。

「第一問、酒造りの水の条件を教えて下さい。」

「鉄分がないこと。アンモニアがない方がいいし、麹菌が好む成分があった方がいい。」

「第二問、どうして県庁裏の井戸水を使うようになったのですか。」

「昔、市内中の井戸水を試してみたけど、鉄分がなくて酒に合う水ということで、ここ（県庁裏）の水が一番よかったのです。」

「ありがとうございます。」

この日はさらに工業用水についても調べることにし、和歌山染色協会、花王石けん、住友金属へも電話をかけた。

八月十四日、市内の五カ所に電話し、水質調査の協力を依頼した。東から花山温泉（鳴神）、秋月宅（太田）、栗本商店（田中町）、刺田比古《さすたひこ》神社（片岡町）、沖野宅（上野町）。和歌山を山から海に向けて東西に縦断して五カ所を選んだ。

花山温泉は市内の天然温泉で、鉄分の多い泉質で有名な炭酸温泉である。この日も入浴客がいっぱいであった。

「すみません。先ほど電話させていただいた者ですが、井戸水の水質調査をさせていただけますか。」

「ああ、お待ちしてました。どうぞこちらへ」

支配人が出てきて、私たちは奥の方へ案内された。井戸水は浴場の洗浄等に使っているということで、タンクに一時貯水して利用されている。

「井戸水を直接採る方がいいですよね。」

支配人はタンクへの入水口をわざわざはずして採水させてくれた。入水口には止水栓はなく、はずした途端に辺り一面水浸しとなった。さっさと紙コップに水を受けて入水口を取り付けてもらった。

調べるのは気温、水温、pH、全硬度、鉄、COD、アンモニウム、残留塩素。それぞれ機器とパック

刺田比古神社

テストを手分けして測定した。

　硬度が高いというのは近隣の湧き水でも見られる特徴で、日本ではとても珍しい水である。ともくんも妻も昨年から取り組んでいるので水質の測定は慣れたものである。支配人はその手慣れた段取りにあっけにとられていた。

「なかなか、プロの調査員みたいやな。」

　私たちはプロの調査を見たことはないけれど、素人で親子がこんなに手際よく水質を調べることはないだろう。調査結果は色で判別できるので、すぐさま白い紙の上にならべて写真を撮ることにしている。写真係は妻の役目になっている。時にはともくんが撮ることもあるけれど、一発勝負なので、何となく妻に責任を負わせてしまっているのである。大事なことはいつも妻、そんな家族関係。自然とそうなっている。

　秋月さんは実は親戚のお宅である。敷地内に井戸があって、今でもせり箱を洗うのに使っているということだが、水質は以前から気になっていた。浅い井戸なので、汚染が激しいようである。CODを調べるとかなり高い値となった。この水はきれいになるのだろうかと実験した。まず、一週間冷蔵庫で保管したら、CODが半減した。次に百円均一ショップで浄水器を買ってきてこの水を通すとCODはゼロになった。安い浄水器でも十分に効果があることに驚いた。また、鉄分がやや多いのは花山温泉の水と同じだが、硬度は低くなった。

栗本商店は豆腐屋さんである。大豆を一晩浸けておく作業で、温度変化の少ない井戸水を使っているそうである。店の方の話によると塩分が多いということだが、試飲をしてもよくわからない。さっぱりしたおいしい水であった。

刺田比古神社は昨年に続いて調査させてもらった。ここの水でコーヒーを入れるとおいしいと言って水を汲んでいく人が多いそうだ。

沖野さんはまあくんの知人宅で酒造組合の取水場所近くにあって今でも井戸水を使っているということで調査した。お話を聞くと、酒造組合よりは浅い井戸だそうだが、飲用に利用しているそうだ。

調査結果は和歌山市内の地図に落とし、山や川など地形と比較して考察することにした。

次に、水道水をおいしい水にするにはどうすれば良いか調べるために、家族で飲み比べを行った。使った手法は①冷却、②備長炭、③煮沸して備長炭、④浄水器、⑤レモン、比較のために⑥常温の水道水、⑦ナチュラルミネラルウォーター、の七種類の水を飲み比べた。結果は、水がおいしいと感じるのは温度の影響が最も大きいとわかった。冷たい水ほどさっぱり感じるようだ。ただ、おいしいという感じ方が祖母とひろくんではすごく違うように思われるので、年代によって差があるのだろうか。

前年の研究をさらに深めた継続的研究。ヒアリングあり、文献調査あり、現地調査あり、そして予想をたてて実験や比較研究。さらに家族が一緒になって取り組んだ自由研究の逸品となった。十分に価値のある金紙獲得である。

22

土いろいろ色いろいろ　ひろくん小学六年生

科学と芸術は紙一重のところがある。ひろくんが小学生最後の自由研究に選んだテーマは土の色であった。テーマを選んだのは親である。でもそのきっかけは三年あまり前にさかのぼる。家族で和歌山県立美術館を訪れた時のことだった。

「お父さん、こっちにきれいな砂、置いてあるで。」

例によって、ひろくんは先々と進んで次のブースへと行ってしまう。一階の特別展を見て、二階の常設展に行き、ロビーに出てくると、窓側の隅でひろくんがこちらを向いて呼んでいた。

「何?」

「きれいな砂、置いてるって。」

ひろくんの呼ぶ方へ行ってみると、確かにきれいな砂が小瓶に詰めて並べてあった。ひろくんが声をかけてくれなければ通り過ごすところだった。本当にフロアの片隅、それも壁の向こう側で「土のコレクション」という展示が行われていた。栗田宏一さんという方が日本全国から十年以上かけて集めたというその土のサンプルは、うすい色のものからだんだん濃い色へと順に並べられていて、とてもきれいだった。こんなにたくさんの種類があり、それぞれ色が違うことに驚き、自由研究に使えないものかと栗田さんの本を買って帰っていた。

自由研究で地学分野のテーマというのは本当に限られている。しかも河原で石を集めて石の種類を整理するぐらいはできるのだが、どこから来たか、百キロ上流から来たのか、それとも近くの崖から崩れた岩が長い年月その場所ですり減って丸くなったものか、想像はできても確証がとれないのである。地質調査、化石採集など教材として課外学習等で長期に取り組むには良いが、およそ変化というものがなく、明らかに時間スケールと空間スケールが自由研究には合わないと思われた。

ところが、土の色に着目することで、空間スケールをうんと縮めて小学生でも取り組めるのではないかと考えたのである。予想を立て、現地調査と実験を行い、予想を検証していくという研究の形態を組み立てることができるし、新たな発見も生まれるのである。

研究の目的は二つ。一つ目は和歌山市周辺にどのような色の土があるのか、二つ目は土の色に違いがでる原因は何かを調べることである。土の色に違いの出る条件として、場所、地形、植生の三点を予想し、土を採る場所を事前にある程度検討をつけておいた。

「夏休みに入ったから、自分で近所の土集めておけ。」

とりあえずひろくんは、自宅の庭、近所の公園、田んぼ、畑で色の違いが出そうな土の採集に奔走した。

「土取れへんで。」

公園から帰ってきたひろくんの第一声。土は公園の中、どこにでもあるのだが、あまりに固く、移植ゴテでは歯が立たないのである。妻はスコップを持ちだし、応援に駆けつけた。公園の真ん中でスコップを使って穴掘りとは何とも不思議な光景であることか。

七月三十日、金曜日の夜、妻とひろくんは私の帰りを待ちかまえていた。

「土取りにいこか。」

「近所の土は集めたんか。」

「いっぱい集めたで。庭とか公園とか、田んぼも行ったで。」

家の近所では庭木の根本に赤土が使われているが、他は黒っぽい土だけしかないようである。横から妻が口を挟んだ。

「海とか山とか行ったらもっといろんな色の土があるのと違うかな。」

「よし、明日土取りに行くぞ。」

「よし、行くぞ。」

私の号令にひろくんも浮き浮きした様子であった。

七月三十一日、和歌浦から雑賀崎周辺の海岸へと行った。観海閣では緑泥変岩の青石の下で岩が崩れてたまったと思われる青い土が取れた。雑賀崎では周辺の緑泥変岩とは無関係に赤い土があった。藤戸台の開発地では大きく山が削られ、赤い山土が顔を出していた。各地で表土をはいで、移植ゴテで土をビニール袋にとり、土をとった場所の周りのようすや土の感じなどを記録した。ひろくんにとっては単純作業の繰り返しで、すごく疲れた。十カ所も回ると熱にうなされるかのごとく、車の中で寝込んでしまい、家に戻ることになった。家に戻ると取ってきた土を新聞紙の上に広げて天日干し。一日置いて固まった土を砕き、目の粗いふるいで異物を取り除き、さらに目の細かいふるいでパ

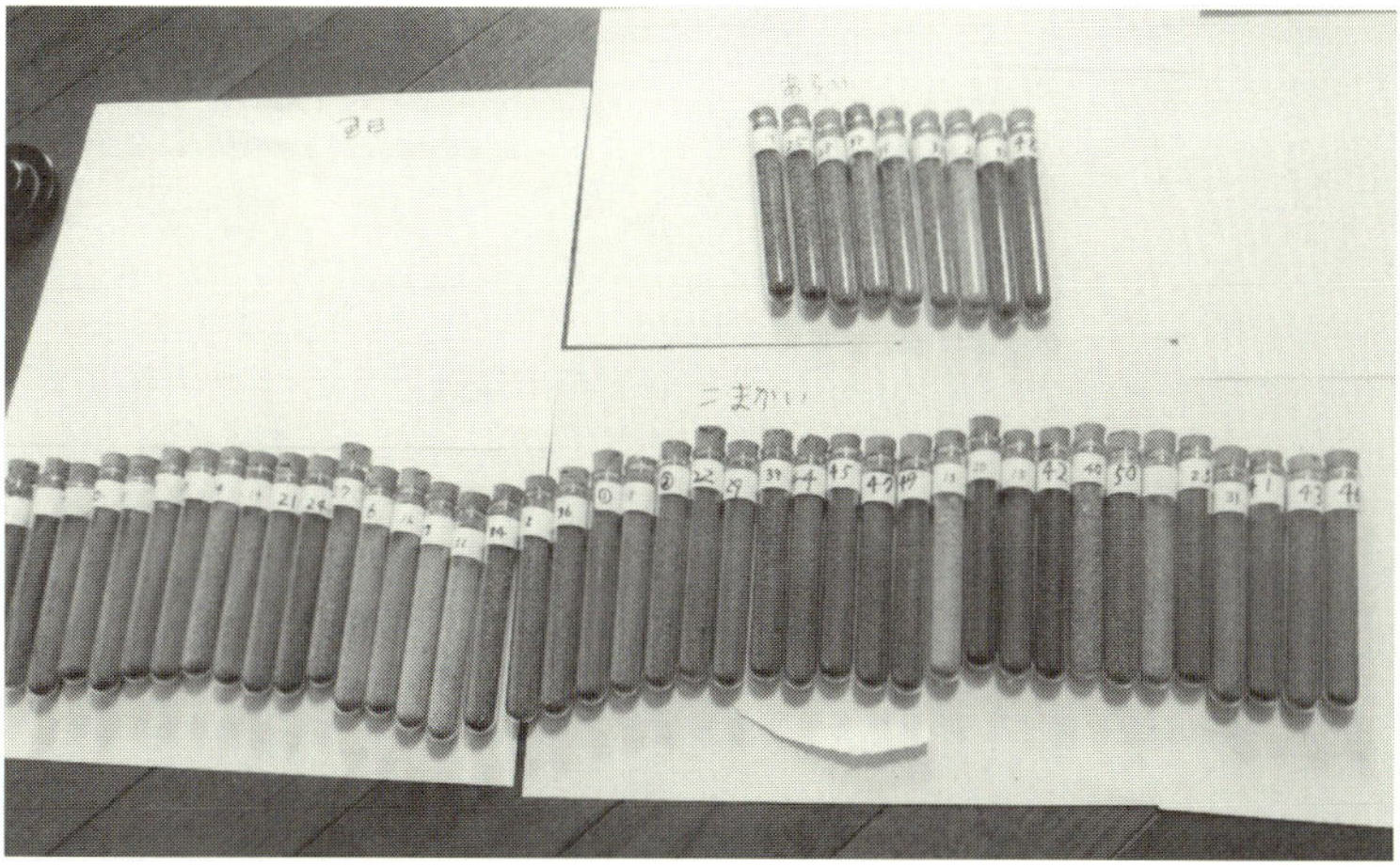

土のサンプル

ウダー状にした。この土のサンプルは試験管と保存袋に入れて保管した。

八月三日、紀の川市からかつらぎ町へと出かけた。かつらぎ町には飯盛鉱山という鉱山跡があることを知っていたので、ぜひその近くで採取しようと考えていた。実際近くに行ってみると鉱山跡には工場ができていて近寄ることはできなかったが、近くで真っ赤な土を採取することができた。

八月七日、海南市から紀美野町の山と川へ出かけた。この辺りは徳川吉宗の時代に農業土木、河川工学の分野で活躍した井沢弥惣兵衛の出生地であり、以前から生石《おいし》高原へのドライブでよく利用するルートを通り、沿道の土を採取することにした。改めて切り土の崖を見てみると、青い土や赤い土、黒い土（自宅周辺の黒とは明らかに違っていた）など、色とりどりの土があることに驚いた。

八月八日には花山や紀伊風土記の丘、熊野古道沿いの高積《たかつみ》神社を訪れ、八月九日には近所の埋蔵文化財発掘現場で弥生時代の土を分けてもらった。

土のサンプルは全部で五十。それぞれ三つの条件（場所、地形、植生）で分類した。条件一は自宅周辺、市内、市外に、条件二は公園、田畑、海、山、川に、条件三は雑草、野菜等、果樹、雑木林、竹林に、それぞれ分類した。

八月十二日、試験管へ入れた土を色と粒の粗さで分類した。色については白、黄色、青、赤、うす茶色、茶色、焦げ茶、赤茶、混合の九種類に、粗さについては粗いと細かいの二種類に分類した。

八月十四日、保存袋に入れておいた土を使って、五十カ所すべての土について砂鉄調査とペーハー試験を行った。ペーハー試験については、私もどうして良いものかわからなかった。園芸なんかで酸性土、アルカリ性土という言い方をしているので、何かあるに違いないと思って調べることにした。水に溶け出すのにどれくらいかかるかわからなかったので、水に入れて振り混ぜた直後と二時間ぐらいおいて水が落ち着いてからとの二回ずつ行った。ペーハー試験紙は乾いてくると色がもどってしまうので、ひろくんと妻と私が、それぞれ試験紙を水につける係り、試験管に水と土を入れて振り混ぜる係り、試験した結果を並べて整理する係りと役割分担をもって、五十のサンプルを一気に検査した。

土の分類と試験をした結果を表にまとめた。

条件一、場所による違いでは、自宅周辺、和歌山市、市外に分けた。自宅周辺では茶またはうす茶色の傾向がある。和歌山市では赤っぽい色が多いが、山肌で赤い色に惹かれて土を採取したので当然の結果だろう。

条件二、地形による違いでは海、山、川、公園、田畑に分けた。山では赤っぽい色が多いのに対し、川では混合になっている。田畑では茶色の土が多い。

条件三、植生による違いでは野菜、果樹、雑草、雑木林、竹林と何も生えていない所に分けた。野菜や雑草はうす茶色、竹林は茶色、雑木林ではいろんな色があり、統一されていない。

土の分類からわかったこと。「土は乾燥させると最初に見た色とは違う色になった。山へ行くと赤っぽい土が多かったけれど、それを乾燥させて試験管へ入れてみると、白からこげ茶色まで、いろんな色があることがわかった。」

赤い土については、「山へ行くと土取り場や工事現場で赤い土をよく見かける。これは文献によると、今よりも暖かかった過去に作られた土であることがわかった。だから山で見かけるのだろう。雑賀崎では海岸で緑色の紀州の青石が見られるので、そこにある土はその岩が削られて青から緑色になるのかと思っていたが、実は黄色（現地で見た時はキャラメル色）だった。だからこの土は最近岩が削られてたまったというよりは、ずっと昔に湿潤な環境で作られたのだろう。」

黒い土については、「自宅の周辺では見た目は黒い土だった。もともと田畑の土でよく耕されていたからだと思う。土を掘った時もミミズがでてきたりした。風土記の丘でも落ち葉の下などは条件三で雑木林に分類したものの、この黒い土の仲間だと思う。野菜で分類したものは乾燥させるとうす茶色だったが、その他でも果樹や雑木林で茶色系の土は黒い土の仲間だと思われる。」

青い土については、「和歌浦の三段橋の下では黒っぽい砂があった。干潟のところでヘドロがたまっているのかと思ったが、乾燥すると青い土であった。文献によると常に水に浸かっているような土の中の酸素が少ないところでは青色になるようである。また、海南市では青い土を含む崖を見つけた。」

白い土については、「妹背山、ふじと台、太田黒田遺跡からでた。妹背山とふじと台は崖の岩が削れてたまった土だし、太田黒田遺跡は地面から五十センチメートル以上深いところの土なので、土壌有機物や鉄含有量が少ないということだと思う。」

混合については、「いろいろな色が混ざっていて、一色に決められなかった土だけど、川の土で、粒の粗いものに見られた。亀の川では土を取るときから粒の細かいところがなくて困ったけれど、細かい土は水で流されてしまうからだろう。亀の川と貴志川で砂鉄が大量に含まれていたのも、重い鉄が流されずに残ったからだと思う。」

とにかく、どこにでもあると思っていた土を取るのに、こんなに苦労するとは思いもよらなかった。汗だくになって集めた土のサンプルはほんの五十で、栗田さんの土のコレクションには到底及ばないが、それでもそれなりのグラデーションができあがった。考察。「土は黒いと思っていましたが、庭に赤い土がありました。その土は山土だということで、山でも土を取ってきました。その土を乾燥させると最初に見た色とは違う色になって驚きました。同じ山に二種類の色の土があるところがあって、また、驚きました。川へ行くと土がいっぱいあると思っていたけれど、実際はジャリジャリで、思うように土は取れませんでした。でも、その川の土にはいろいろな色が含まれていて、砂鉄が多いというのもぼくには新しい発見でした。」

色だけで終わらせないのが自由研究である。「土の上に生えている植物で土の状態が変わるのではないかと予想して、植生と土の色を比べてみたところ、大まかには違いがあることがわかりました。さらに詳しく分類したいと思って、酸性、アルカリ性を調べてみました。方法は父や母と相談して行いました。水道水と比べて、酸性やアルカリ性を示した土はあったのですが、植生との比較でははっきりとは分類できなかったので、これからさらにやり方を考えて取り組んでいきたいと思いました。とにかく、身近な所の土にこんなにたくさんの色があることに驚いたので、今後はそれらの色がどんな条件から出てきたものなのか、さらに研究を深めていきたいと思いました。」

新しい分野の開拓と意外にも熱中の苦労を讃え、ひろくん、小学校最後の金紙獲得に拍手。

23 天気図に現れない天気を調べる　ともくん中学三年生

　ともくんは中高一貫教育校であったため、中学三年生といっても受験勉強の必要がなかった。そこで、夏休み前に学校で宣言した。

「今年の夏休みは最後の自由研究に取り組みます。」

　我が子ながら「よく言った」と褒めてやりたい。宿題でも何でもないけれど、ともくんなりに最後の自由研究にチャレンジすることになった。ところが、

「自由研究、何したらいいと思う?」

と、お母さんに泣きついてきた。

「天気図で何かできないかな。」

　ともくんは私に天気図の書き方を教えられ、時々夜中に天気図を書いていた。日に三回ラジオで気象通報が流れるが、各地の天気を地図に書き取り、等圧線を引いて天気図を仕上げるのである。「とりあえず、毎日天気図書くことにするか。」ということになり、夜は十時からラジオに向かって天気図を書くことにした。もちろん一人ではまだまだうまくいかないので、

「お父さん、天気図書く?」

と、毎日誘いに来るのである。実際は毎日書くのは大変である。眠たくて頭が働かないこともある。結果、隔日程度は書くことにした。

天気を題材にした自由研究としては雲の形や動き、実際の天気との関係を調べたものをよく見かける。天気図を扱うにしても新聞から切り抜いて貼るぐらいのものである。自分で天気図を書くことの意味はどこにあるのだろうかと思わぬでもない。しかし、自分で書くことによって、天気のパターンが読めてくるし、一方で天気予報の難しさが見えてくるのである。天気図を書きながら天気図に現れない天気を読みとって、地域の天気の変化を予想することができればすばらしいのではないだろうか。

研究の方法。①天気図を書いて天気の変化を実感する、②自分で書いた天気図と新聞の天気図を比較する、③実際の雨の降り方や降る範囲と天気図を比較する、の三点について調べることにした。天気図を書いた日は七月二日から八月二十二日の隔日で二十五枚になった。

特徴的な天気の状況を整理した。雨、雷、入道雲など、特徴的な事柄のあった日とその前後の天気図について、レーダーなどの資料を交えながら整理した。天気図に現れている低気圧や前線に沿って雨が観測されている時がある一方で、天気図には雨の降るようすが全く認められないのに局所的な雨が観測されている時があるなど、天気図だけでは判断できない天気の変化が見られた。

次に低気圧の移動速度を計算した。天気図で動きのわかる低気圧を抜き出し、その間隔を緯度に直し、一度を百十一キロメートルとして移動距離と速度を出した。最も速いもので時速四十五キロメートル程度、遅いもので時速数キロメートル程度の速度が計算された。速いものは前線を伴っていた。

他の低気圧を見ても前線を伴った低気圧は伴わない低気圧よりも速いという傾向があった。実際に低気圧に伴う前線の有無に着目して低気圧の移動速度の平均を計算してみると、低気圧全体での平均は時速二十七キロメートルであるのに対して、前線を伴った場合の平均は時速三十七キロメートル、伴わない場合の平均は時速二十五キロメートルとなり、明らかに前線を伴った場合の移動速度が速いという結果が得られた。前線というのは大きな意味では暖気団と寒気団のぶつかりあっているところであるから、上空ではジェット気流の流れているところでもある。当然そうした地球規模の大気の動きが低気圧の動きにも影響しているのであるが、中学生としては事実認識だけでもすごいことではないか。

事実認識という点では前線付近の天気についていろいろと考察できた。まず、停滞前線の周りではたいていの場合は雨が降っていなかった。そして、停滞前線上に低気圧がある場合、低気圧の東側で雨がよく降っていた。一方、温暖前線や寒冷前線の近くでは雨がよく降っていた。また、寒冷前線から離れて線上に雨がたくさん降ることがあった、などなど。

一般には高気圧に覆われている場合は天気が良いと言われているが、今回の研究中には高気圧に覆われているのにゲリラ豪雨が発生した例が多く見られた。ともくんは天気図から得られる情報として大阪と潮岬の風向に着目して、ゲリラ豪雨が見られる場合にはその二カ所の風向にはっきりとした違いがあることに気づいたけれども、この二カ所の風向だけでゲリラ豪雨の発生場所や規模を考察するには無理があった。とりあえずの考察として、「隣り合った地点で風向が逆だったりするときは、そこで気団がぶつかっていると考えられ、低気圧と同じ状態になって局所的な大雨が降りやすい。天気

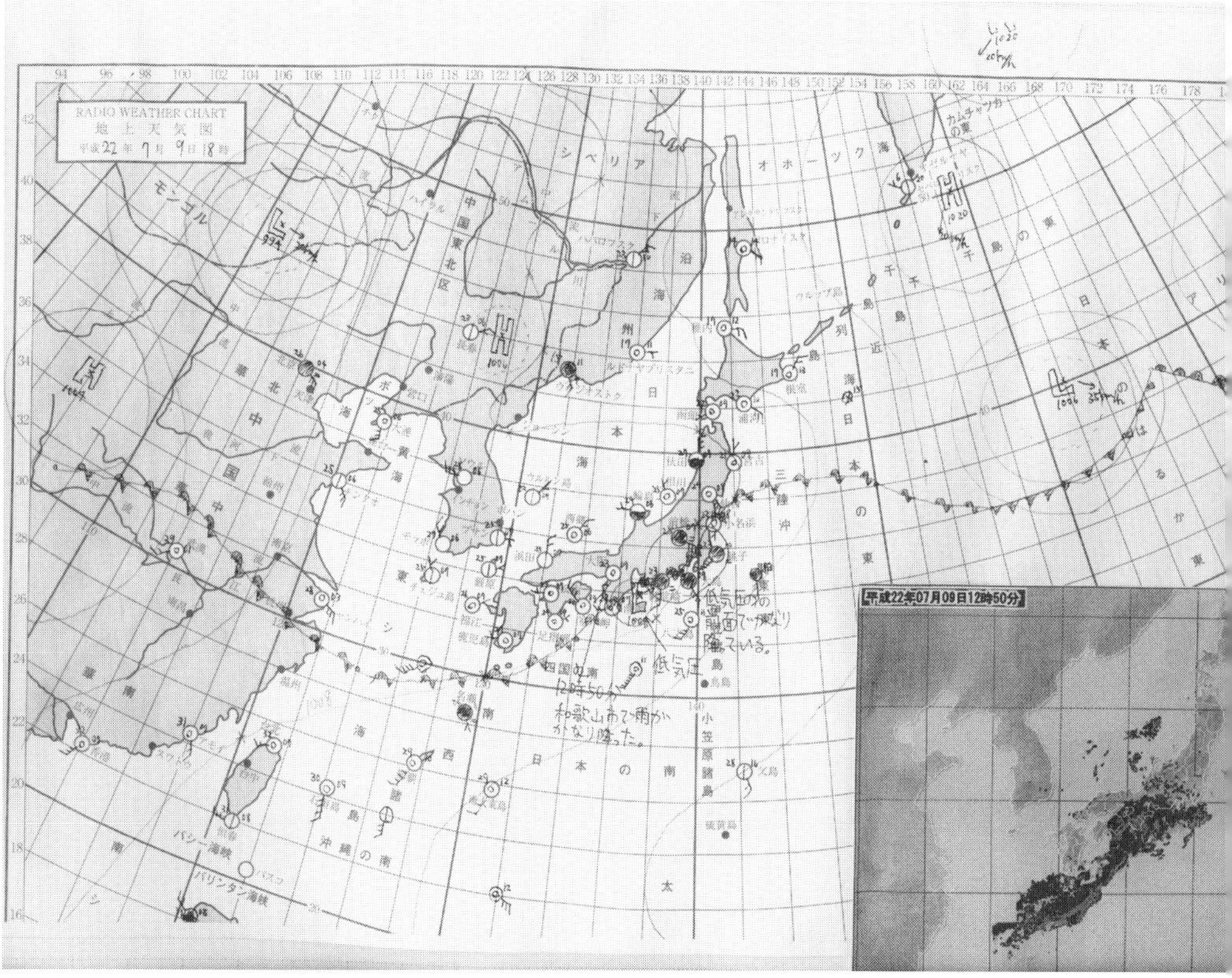

原紙は㈱クライム気象図書出版発行「ラジオ用天気図用紙 No. 2（中級用改訂版)」から転載。右下の画像は気象庁のホームページより転載

図に現れないゲリラ豪雨は、この時にできた積乱雲によるものと考えられる。周辺地域の風向にも注意しないといけない。」というのが精一杯であった。また、今回の研究でゲリラ豪雨の雨域が東から西へ移動している場合があることも見つけた。その原因を詳しく調べることはできなかったが、ゲリラ豪雨の動きが予測できない一例だと考察した。最後の締めくくりとして、「新聞の天気図は前の日の十八時のものである。朝刊を見たときにはすでに半日以上経っている。さらに活動するのは何時間も先になる。今回の研究で、天気図から数時間先の天気を予想するときの注意点をいくつか引き出すことができた。しかし、ゲリラ豪雨をはじめとする天気図に現れない天気について十分解明したわけではないので、これからも気象に関してしっかり研究して、自分の天気予報をしていきたい。」

ともくんにとって、最後の自由研究であり、自分で天気図を書き取るというかなりの努力の賜であったが、多少弱気な考察のせいで、県の科学作品展には行ったが金紙はならず。しかし、ともくんはその後気象予報士にもチャレンジし続けている。未だ合格はかなわないので、私と一緒に、あくまで「天気予想」を楽しむ毎日である。

24 颪に向かって進むヨットを調べる　ひろくん中学一年生

とうとう一人になった。ともくんであればやっと両親を独り占めできると喜んだことであろう。ところが、ひろくんの場合は両親の目が自分に向くことに抵抗を感じているようである。

「おい、自由研究はどうする?」

「……。」

おいおい、無視かよ。

「お父さん、ひろくんの自由研究、どうする。」

「もう中学生やし、ちょっとは自分でも考えるんちゃうか。」

「そんな訳ないやん。」

「宿題で課題がでるかもわからんし、友達同士でも話するやろ。」

「でもなあ、なんか考えとかなくていいかなあ。」

と、こそこそ夫婦で話し合う毎日であった。おかしなもので、一度に三つのテーマを考えたこともあるというのに、一つで良いということになると何をしてよいものやら頭に思い浮かばないものである。

しかし、今年は強い味方が戻ってきた。長男まあくんである。東京の大学へ行って、盆正月にしか戻らないまあくんであったが、今年は運転免許取得のために少し早く帰郷することになった。

「まあくん、ひろの自由研究何したらいいと思う?」

夜行バスで帰ってきたまあくんに、妻はさっそく意見を求めた。

「ヨットの進み方でも調べてみたらどう?」

疲れているはずのまあくんからあっさりと意見が返ってきて、一気にもやが晴れた気分である。

「ひろくん、ヨットについて調べるか!」

「するする!」

とにかく一歩踏み出すことになった。

まあくんは大学でカッター競技に取り組んでいた。カッターとは客船などの舷側に取り付けられている小型ボートのことで、救命艇や連絡艇として使われている。このボートを手こぎで走らせてスピードを競うのがカッター競技である。和歌山は海に面した土地柄でありながら、漁師でもなければ海に出る経験はあまりない。それで、まあくんが話してくれる海や船の話は、ともくんやひろくんにとっては大変興味深いのである。もちろん親にとってもカッターという言葉すらまあくんに教えてもらって初めて知ったのである。

「ヨットが倒れないのはセンターボードという板が船底についているからで、この板のおかげで風が吹いてくる方向に向かってヨットは走ることができるんだ。」

えっ！　聞き間違いではないか。帆掛け船というのは帆に風を受けて走るのではなかったか。

よく話を聞いてみると、帆掛け船は帆に風を受けて走るので、逆風の時は帆を巻き上げておいてスクリューや櫂で推進力を生み出しているのである。これとヨットの仕組みは異なるそうだ。

まずはヨットの構造を調べることにした。

「ヨットの本を探しな！」

図書館へ行って別々に手分けして探した。私と妻は専門書の棚を、ひろくんは児童書の棚を探すことにした。

ヨットの構造や風に向かって走る理屈など、流体力学の解説書にいくつか載っているのを見つけたところで、ひろくんの様子を見に行った。

「おい、ひろくん。何してるんや。」

ひろくんは大好きな「ずっこけ探偵団シリーズ」の一冊を読みふけっていた。

「ヨットはどうした。」

「なかったで。」

「ないではすまんやろ。」

「ないもんはないよ。」

「探しもせんと言うな。お父さんら何冊かみつけたで。」

「お父さん、ありがと。」

何とも気の入らない礼の言葉であることか。とにかく、流体力学や海洋工学の一般向け解説書を何冊か見繕って貸し出ししてもらうことにした。

家に帰ると、まあくんは大学の授業で配られたプリントを準備してくれていた。ヨットの構造やなぜ風に向かって走ることができるのか、簡単に解説されていた。さすが長男、気が利く。しかし、理屈がわかっても自由研究が仕上がったわけではない。何を調べるか、どのように調べるか、そして、理科の先生なら誰でも知っているような理屈を検証することに自由研究の魅力を見いだせるか。腕の見せどころである。

疑問は一つに絞った。「ヨットは風に向かって走る」これは本当だろうか。

解説書によると簡単な模型の台車を使って実験できるように書いている。

「ひろくん、ブロックか何かで台車はなかったかな。」

「あるよ。」

「じゃ、その台車へ帆を立てられるようにできるかな。」

「うん、できるよ。」

ひろくんのことだから、こんな工作はお手の物である。ひろくんは昔のおもちゃ箱の中から二種類の台車を探し出した。一つはレゴブロックの台座用の板にブロックの車輪をつけたもの、もう一つは何のおもちゃの一部だろうか、まさに小さな車輪のついた台車だった。それぞれの上に発砲スチロールで作った帆掛け柱の台座を取り付けた。

予備実験その一、帆の形によって台車の動きが変わるのか。「本物のヨットの帆は風で自由に変形するようなものでできています。でも実験では形や曲線の具合が風で変形してしまうとその効果がわからないので、ある程度しっかりしたものが必要だと考えました。そこで、家にあった薄手の段ボール（一辺十九・五センチの正方形）を使用することにしました。形は正方形、長方形（たて、横）、三角形を考えることとし、風にあたる面積が等しくなるようにしました。また、それぞれの形で、平面のほか、曲面や折り曲げなども作って実験しました。」柱には竹串を使って台座に立てて、そこに段ボールの帆を張れば、帆掛け台車の完成である。

リビングのテーブルの上を片づけて帆掛け台車を置き、横にメジャーを添えて準備完了。扇風機を使って風を起こして、帆掛け台車の動きを調べた。実際に風を当ててみないと台車がどの程度動くものかわからなかった。研究というからには研究らしく、帆掛け台車が動くかどうかという結果だけではなく、理想の結果を導くための条件を見い出さなければいけない。そのための前置きが帆の形と移動距離である。

しかし、予備実験その一でわかった。結局、風の向きと強さが問題なんだ。帆掛け台車は風に押されて動いてしまう。そこで、予備実験その二、風の強さによって走り方がかわるのか。今度は、扇風機からの距離、帆の角度を変えながら、帆掛け台車の移動距離を調べた。正直言って、「風に向かって走る」という目標からは遠のいていると感じてはいるが、やはり風の力をストレートに感じることも必要であるに違いない。

さて、本実験である。たらいと帆掛け船と扇風機を準備した。

玄関先でたらいに水を張り、帆掛け船を浮かべた。帆は正方形の曲面にすることをひろくんに勧めた。親としては結果を意識してのことだが、ひろくんにとってはよけいな口出しだったかも知れな

扇風機で帆に風を当てる

い。もちろん、船底にはセンターボードまがいの板を牛乳パックの紙で作って貼り付けた。

扇風機は風の力と機動性を考えて小型のものを使った。記録は紙にたらいの縁を示す円と帆掛け船を示す五角形の図形を描いておき、動きを目視で記録することにした。

「風に向かって」と言うからには船の前方から風を当てなければいけないけれど、そこは実験なので、帆の角度も考えながら八方向から風を当てた。

しかし、これだけ準備して、本実験の一発目に「失敗した！」とわかった。どの向きで風を当てても、明らかに帆掛け船が風下へ流されているのである。つまり、センターボードが抵抗として全く作用していないのである。このとき、センターボードは実物のヨットを意識して幅二センチ×縦五センチ程度の大きさのものを船底の中央に取り付けていた。これでは利かないということで、同じものを二枚、三枚と並べて取り付け、風を当ててみたが、やはり結果は同じであった。仕方がないので、思い切って船の縦長さ分のセンターボードを取り付けた。するとやっと抵抗として働くようであった。

風を当ててみた。帆は船の縦方向に対して斜め四十五度、前方に向けてやや凸の曲面になっている。風は船の前方斜め四十五度から、つまり帆の方向と並行に当てた時、

「おい、やった！　動いた。」

帆掛け船は一瞬風の吹く方向に向かって動いた。すぐに帆掛け船は向きを変え、風に流されたものの、確かに風に向かって走ったのである。

実際のヨットでは風向きを考えて帆の張り方を常に調節しているけれど、実験では帆は固定されているのだから、これが限界である。何とか実験成功である。

もちろんその他の風向きについても調べ、帆掛け船の動きを整理し、研究の結果としてまとめることができた。

しかし、改めて室内実験の難しさを感じた。知識として結果が頭に入っているだけに、どうしてもその方向に向いてしまう。今回の実験では、予備実験も含め、実験道具や方法の工夫について評価していただき、県展へ出品してもらえたものの、金紙ならず、残念。

25

川の流れを探る～家族にとって最後の自由研究　ひろくん中学二年生

平成二十四年夏休み。私たち家族にとって最後の自由研究である。

葛藤は夏休みの前から始まった。ゴールデンウィークを過ぎると誰からともなく、

「今年の自由研究はどうする？」

と声をかけるのが年中行事となっていた。

私は、父としてどうしても取り組みたいテーマがあった。「川の流れ」である。しかし、私はこのテーマを選ぶことがたいへんであると予感し、踏み切れないでいた。

妻は「お茶の粉の模様」「スティックボム」「ムクドリの生態」を提案してきた。

お茶の粉の模様については五年ほど前にさかのぼる。ひろくんが小学三年生のころだったと思う。

当時、私たち家族はよく奈良へ遊びに出かけた。奈良市へ行くと、ある釜飯屋さんで昼食をとるのが定番になっていた。そこは観光ガイドにも掲載されている有名なお店で、外国人客も多く訪れていた。その日はたまたま隣の席に外国人客が座っていた。

「ハロー、マイネームイズ、ヒロ。ハワユ。」

おい！　突然なんてことをするんだ。

「オゥ、ハロゥ、ファイン、センキュゥ。コンニチハ。」

その外国人客はとても楽しそうに返答してくれた。ひろくんは得意になって、授業で習ったばかりの片言の英語を振りまいた。私たちは何とも気恥ずかしく、顔を上げられなかった。目の前には出されたばかりのお茶。湯飲みの中を覗くとお茶の粉がきれいな模様を作っていた。

「ひろくん。ほら、見てごらん。きれいな模様になってるよ。」

妻が発見したそのお茶で、ひろくんの気をそらすことに成功した。

「わあ、すごい。どうやって作ったの。」

「さあ？」

ひろくんは自分の湯飲みを回したり、たたいたりと工夫し始めた。

五年も経って、妻はよく覚えていたものであるが、恥ずかしかった記憶はなかなか忘れられないものであり、テーマの一つとして提案した。

スティックボムはひろくんがテレビで見つけた。技術クラブに所属しているので、こうした内容には興味を示す。妻がインターネット動画を調べてみると、結構いろいろなテクニックがあるようなので、物理的におもしろい研究になるのかと、アイスクリームを食べながら木製のスプーンを集めて準備を始めていた。

ムクドリについては、駅前通りの楠の街路樹に大量のムクドリが集まって鳥害を起こしていることは親子ともに知っていた。最近は家の近所にも飛んできて、夕方になると何千羽という集団であかね色のキャンパスに大胆な模様を描いていた。小学二年生で鳥の生態を調べたこともあるので、今回はムクドリにテーマを絞って取り組むのも面白いか、と思ったのである。

しかし、決断は思いがけずになされるものである。

「お父さん、今年は災害大変やな。川、氾濫したんかな。」

六月に和歌山市内で大きな水害があり、親戚の家の近所でも床上浸水があったものだから、ひろくんも少なからず今年の災害に関心を持っていた。

「そうや、お父さん。川の流れと水害を絡めて自由研究にしたらいいんじゃない。」

七月になって、そろそろやきもきしていた妻は、私に決断を促した。

「ひろくん、川の流れを調べてみるか。」

「いいよ。」

決まった。最後の自由研究のテーマは「川の流れ」となった。

私は高校生時代に和歌山県南部を流れる古座川流域の地質を調べたことがあり、地質を調べながら川の流れにすごく興味を持っていた。

「なぜ川は曲がるのか。」古座川は山の中を流れている。しかし、すごく蛇行している。地理学的に「穿入蛇行《せんにゅうだこう》」という言葉がある。国土地理院の用語解説によると、「平野部の河川で洪水のたびごとに流路の位置を変え得るような状態にある場合を自由蛇行と言い、それに対して、山地内などで蛇行した河川が深い河谷を作っている場合を穿入蛇行と呼ぶ。穿入蛇行は、かつて平野上を自由蛇行していた河川が浸食基準面の低下によって下刻するようになったため生じたと解される場合が多い。四万十川や大井川の中流などのような山地や丘陵地などに発達する。」とある。つまり、かつては平野だったところを川が蛇行して流れ、土地の隆起とともに深く削られ、そして今の姿があるということである。いや、待てよ？　なぜ平野で川は蛇行するのか。水は高いところから低い方へとまっすぐ流れていくものではないのか。障害物でもない限り、たとえ勾配が緩やかであっても水は上から下へとまっすぐ流れていくのではないだろうか。そんな疑問がずっと私の頭に残っていた。そして、車窓を伝って流れる雨粒を見ながら子供に話し続けたことをそのまま研究の動機としてまとめていくことになった。

研究の目的はストレートに、「川の水がなぜまっすぐ流れないのか、実際の川の流れの観察や、実験を通して調べていきます。」と、三十年来のテーマを我が子に託した。

「よし、古座川へ行くか！」

「やったー」

ひろくんは小さい頃からよく紀南方面へ連れてもらっているので、古座川と聞いて大喜びだった。昼食はウナギ、昼からは川遊び、と勝手にスケジュールを思い描いていた。当然ながら現地調査にともくんを連れて行くことは変わりない習慣となっていた。

七月二十九日、日曜日、朝から家族四人で車に乗り込み、古座川へと出発した。カメラ、地図、記録用紙、筆記具はひろくんが用意した。慣れたものである。

古座川の河口に着いた。

「おい、ひろくん。着いたぞ。」

「ふぁ〜い。」

いつものことだが、ひろくんは車でずっと寝ていた。和歌山市から出発して、古座川河口まで延々二時間は寝ていたことになる。

「古座川河口やで。」

「は～い。」

と、漸く目が覚めてきたようすである。

「今日は何しに来たかわかってるか。」

「川、見に来たんやろ。」

「そうや。」

何か拍子抜け状態である。

準備は万端であった。古座川をフィールドにしようと決めた時、まずは地形図を買ってきた。五万分の一の地形図は国土地理院が発行しているもので、本屋へ行けば売っている。この地形図を使って、川が蛇行しているのを実感しようと考えた。ひろくんは地形図の上にトレーシングペーパーをかぶせ、川のところを青の色鉛筆でなぞっていった。雑然とした地形図ではわからなかったけれど、川筋だけを描いてみると川の蛇行がはっきりとわかる。古座川は河口から本川中流までは割とまっすぐ、緩やかなカーブで流れていた。支川の方が蛇行しているようであるが、中でも最も大きな小川《こがわ》を見てみると山間部であるにもかかわらず大きく複雑な蛇行をしていることがわかった。現地調査の目的はこの山間部の蛇行を見ることにあるが、それにはまず河口から中流にかけての流れを確認しておこうと考えたのだ。鉄道橋の周辺を見て、深い川の流れと大きな中州の堆積を確認した。河内橋では河川断面の中の小さな蛇行を確認した。

月の瀬のぼたん荘で昼食をとることにした。川のようすに目をやると、カヌー下りを楽しむ人々がいた。古座川ではレンタルカヌーで手軽に川下りを楽しむことができる。羨ましそうなひろくんのようすを見て、私はレンタルできるかどうか電話をしてみることにした。

「午前中はすべて貸し出されていますが、午後には返却があるかも知れません。もう一度電話を入れてもらえますか。」

なかなか期待を持たせる観光協会の係りの応対であった。これは待たずにいられるものかと、昼食をとってからとりあえず滝ノ拝まで車でさかのぼり、その後カヌーに再チャレンジすることにした。

滝ノ拝では河原に洗われた平たい岩盤上に無数の盆状の凹面模様をつくっている。甌穴《おうけつ》とかポットホールと呼ばれるその無数の穴は川の流れによって石が転がることで凹面に削っていったそうである。岩盤表面の模様もさることながら、大きな掘り抜き井戸のような体をなした造形も作り出している。実に自然の造形美に感嘆させられる。傍らには落差五メートルほどの滝があるが、浸食によるこの滝の後退とともにこの井戸のようなポットホールは作り上げられたそうである。

滝ノ拝からもう一度観光協会へ電話を入れてみた。

「すでに返却されたものがありますので、ご利用可能です。ただ、これからのお時間ですと、出発が小川合流点からとなりますが、よろしいですか。」

と、丁寧な応対をしてくれた。

「いいです。ではこれから観光協会へお伺いさせていただきます。古座駅のところでよろしかったで

古座川でカヌー下り

しょうか。」

「はい、ではお待ちしております。」

古座駅はJRの駅だが、駅舎の管理は町で行っているのだろうか、観光協会は駅舎のなかに入っていて、カヌーの受付もそこでやっている。駅前広場の隣に大きな倉庫を建てて、カヌーの保管、手入れ、貸し出しを四～五人のスタッフで行っていた。借りたカヌーは駅前のタクシーで人とともに出発点まで運んでくれて、終点は駅近くの川縁になっているので本当に手軽にカヌー下りが楽しめるのだ。

川の中から見る川の流れは外から見るのとはまた違っていた。急流と言えるほどのところではなかったのに危うくひっくり返されそうに横に流されることもあった。上下に揺すられながら底には大きな石がごつごつ当たってきた。大きな岩を目の前にして、川底の見えない程の淵を作っているところもあった。地図の中で見つけた大きなスケールの蛇行とは別に、岩や石で作られる川の流れや、ちょっとした石の河原に水の絨毯をかぶせたような流れが折り重なって作られる小さな蛇行があることがわかった。

はじめは川の流れのようすを見ながら写真撮影していたひろくんであったが、そのうちにともくんと一緒になってずぶぬれになりながら川の水と戯れていた。「川の流れの観察はどうなったの」と言いたいところだが、まあ、いいか。

八月十一日土曜日、今度は紀の川へ出かけることにした。川辺橋、井阪橋と橋の上から河原のようすを確認したが、なかなか川の大きな流れを見られるような場所はなかったので、川沿いの高いマンションへあがってみることにした。

「お父さん、黙って上がっていっていいの。」

マンションのエレベータで勝手に上がっていくことに、ひろくんは抵抗を感じるようであったが、「管理人もいないからいいよ。」と言って、最上階まで上がっていった。紀の川は和歌山県内では和泉山脈に沿ってほぼまっすぐに流れていると思っていたけれど、よく見ると、古座川と同じように瀬や淵を作って蛇行しているのがわかった。

障害物があるから曲がるのだとずっと思っていた。緩やかに変化する地形に影響されて曲がるのだろうと思っていた。でも実際はただ曲がっているだけであった。

水の流れは何もなくても曲がるのだろうか、それを確かめるために室内実験をすることにした。使うのは鏡とカメラ。鏡の上に水を流してそれをカメラで撮影しようということである。なぜ鏡を選んだか。それは障害物が何もなく、真っ平らだからである。洗面所で鏡の上に水を流し、それを写真に撮るのだが、実験と言うからにはもう少し科学的でないといけない。まず、鏡の面の勾配を決めるために、分度器と振り下げおもりをあわせた勾配器を作った。こんな工作はひろくんは得意分野で、すぐに作ってきた。それから水の量についても実験の前後に時間を計りながらビーカーにたまる水量を計ることで調整した。

みんなも一度やってみるとよくわかる。驚くほどきれいに水は蛇行して流れる。それは鏡の勾配がきつくてもゆるくても蛇行する。つまり、障害物のあるなしではなく、水というものは曲がって流れるものだということである。

考察。「水は高いところから低いところへまっすぐ流れるものだと思っていたのが、実は平面上を流れるときには曲がって流れるのが当たり前であるということがわかりました。川の流れも立体的に渦をまいているような流れがあるとの文献があり、実際に天気の良い穏やかな日にカヌーを漕いでみても、平坦に見える水面の幅や深さが複雑に変化していることを体験しました。自然では大きな岩などの障害物があるから川が曲がるのだと思っていました。堤防もまた障害物の一つのように思い込んでいました。現地調査をしてみて、大きな岩が川の流れを変えているところも見られましたが、何の障害物もなく蛇行しているようなところもありました。鏡の上では、水の粘性以外には障害物は考えられませんが、それでも大小様々な形の蛇行が見られました。この蛇行の原因は水の中の回転運動が影響していると考えました。」

びっくりした。ひろくんが、

「コマと一緒やな。」

と言ったのだ。最初まっすぐに立っている軸がだんだん大きく振れていくようすが、鏡の上を流れる水と一緒だという。ジャイロ効果だというのだ。

流体力学にジャイロ効果が当てはまるかどうかはわからない。親として文献を探してあげることもできなかった。しかし、鏡の上で川の蛇行のようすが再現できたということは、逆に考えると川はもともと鏡面のような所を流れていたことになるのではないかと考えている。

親の興味を押しつけたように始まった自由研究だが、一応の成果を得た。少しは霧も晴れたような気がする。努力だけでもなく、発想だけでもなく、しっかりと自分の考えを持って取り組んで結論にたどり着いたところに乾杯。

二〇一三年二月三日、今年の和歌山県科学作品展は串本町で開催された。

「今年が最後だからみんなで串本へ行こう。」

午前九時、私と妻、ともくんとひろくん、そしておじいちゃん、おばあちゃんをワゴン車に乗せて、和歌山市を出発。高速道路と国道四十二号をひたすら走り、お昼前には会場の串本町民体育館に着いた。一目散に中学生作品を展示するブースへ行き、ひろくんの作品を探した。金紙が貼ってあった。「よしっ。」ひろくんがにっこり。みんなで記念写真を撮り、有終の美を締めくくることができた。その日のお昼は川の研究に思いを馳せた古座川のぼたん荘、そして帰路に立ち寄ったのはすさみ町の「エビとカニの水族館」。親子の興味は尽きることなく続いていた。

終章　親と子の自由研究

自由研究の話を最後まで読んでいただいた読者のみなさん、ありがとうございます。本文中、自由研究の原作から引用している箇所については、漢字と仮名が混在し読みづらくなっている場合があります。また、作者の勘違い等で事実と異なる場合もありますが、ご容赦ください。さて、ここに掲載した作品は参考になったでしょうか。あ、でもこの本はハウツウ本ではありません。だから、夏休みの宿題のネタとしては適当かどうかわかりません。

私たち家族は、十五年間で二十四の自由研究に取り組みました。ところがプラスＯＮＥがあります。それは「家から学校へ　防災マップ作り」です。ともくんが小学三年生の時、家から学校までの数百メートルの間で、危ない箇所や防災上重要な場所・設備がどこにあるか、親子で歩いて調べてみました。ともくんはこの調査結果を学校へ持っていったのですが、後日先生から電話がありました。

「お父さん、『防災マップ作り』はどう扱えば良いでしょうか。」

良い意味で、調査の成果をどこかに出品するようなコンクールなどはないものかという問い合わせであったのですが、実のところ、先生にとっては学校として評価の対象ではない作品をもてあましてしまったということでしょう。私は、

「先生からも、ともくんに『よく頑張ったね』と褒めてやってください。」

と、お願いしました。

実は私は地域防災に関わる仕事をしています。出前講座では災害時の行動プロセスで重要な力として想像力、判断力、行動力、調整力の四つの力についてお話させていただきます。私にとってアプローチが防災なのですが、四つの力は防災だけではなく、結局生きていく上で大切な能力ではないかと考えています。特に想像力は最も重要な力であるにもかかわらず、子供たちにこの想像力を身につけさせることは非常に難しい課題です。なぜなら、教科書に目的と方法と結果を書き込んだ時点で、子供たちの想像力を断ち切ってしまうことになるからです。

この想像力を伸ばす手法として、「災害エスノグラフィ」なるものを知りました。災害対応をマニュアルにするのではなく（もちろんマニュアルの重要性は言うまでもなく、その存在は判断力や行動力に大きく影響しています）、物語として体感しようというものでした。

自由研究でも同じではないでしょうか。

「自由だからやらなくても良い。」と言ったのは長男まあくんでした。やらなくて良いと思っている子に、目的、方法、結果を教えて実験させても何の興味もわきません。興味なく取り組んだことはもちろん身に付きません。いかに興味を持たせ、それを結果に結びつけるか。反対に親からすればまずはマニュアルを捨てて、子供目線で頭を白紙にできるかというところから始めなければいけません。そして、その白紙に子供と一緒に物語を書いていく作業が自由研究です。つまり、子供と一緒になって楽しまないと自由研究にならないのです。

この本は、言い換えれば自由研究を通した子育てエスノグラフィとして見直していただきたく思います。決して大げさではなく、平凡に生活する中に潜む、「楽しく生きていく」ためのヒントを見つけていただければ幸いです。

＊　＊　＊

この親子の取り組みは、私たち夫婦の中学生時代の科学部活動が原動力となっています。恩師である亡き中原徹先生、そして教育実習生の時からお付き合いいただいている船富憲三先生との出会いなくして成り立たなかったものと思い、ここに改めて謝意を表します。

本を作成するにあたり、原稿は書いたものの出版するに値するかどうか正直かなり悩みましたが、そのときに相談させていただいた自然環境研究オフィスの柴山元彦先生にはしっかりと背中を押していただきました。東方出版の北川幸様には細部にわたり大変丁寧にアドバイスをいただき、このお二人のおかげで出版にこぎ着けたものと感謝しています。

また、出版にあたり、妻の親友である河本順子様にはイラストを提供していただきました。雑ぱくな文章に、少なからず我が家族の豊沃なイメージを付加していただけたのではないかと喜んでいます。

最後に、親の趣味にひたすら付き合ってくれた三人の子供たち、そして何よりも常に私とともに歩んで来てくれた妻みどり、そして私たち親子の未来に乾杯。

太田和良（おおた・かずよし）
昭和38年　和歌山市生まれ
昭和62年　大阪大学工学部土木工学科卒業
同年和歌山県へ就職
平成３年　結婚
平成４年　長男誕生
平成８年　次男誕生
平成11年　三男誕生
平成17年　土木学会上級技術者（防災）認定

親と子の自由研究
家の近くにこんな生き物!?

2013年6月21日　初版第1刷発行

著　者——太田和良
発行者——今東成人
発行所——東方出版(株)
〒543-0062　大阪市天王寺区逢阪2-3-2
Tel 06-6779-9571　Fax 06-6779-9573
装　丁——森本良成
印刷所——亜細亜印刷(株)

ISBN 978-4-86249-217-3　落丁・乱丁はおとりかえいたします。